Hebreos

Serie «Conozca su Biblia»

Hebreos

por Pablo A. Jiménez

Augsburg Fortress

MINNEAPOLIS

Diseño de la cubierta: Diana Running; Diseño de libro y portada: Element

ISBN 978-0-8066-8073-6

El papel usado en esta publicación satisface los requisitos mínimos de la organización American National Standard for Information Sciences—Permanencia del Papel para Materiales Impresos, ANSI Z329.48-1984.

Producido en Estados Unidos de América.

Cover design: Diana Running; Book design: Element

Library of Congress Cataloging-in-Publication Data
Jiménez, Pablo A.
  Hebreos / por Pablo A. Jiménez.
    p. cm. — (Conozca su Biblia)
  Includes bibliographical references (p.   ).
  ISBN 978-0-8066-8073-6 (pbk. : alk. paper)
  1. Bible. N.T. Hebrews—Commentaries. I. Title. II. Series.
  BS2775.53.J56 2006
  227'.87077—dc22   2005037871

The paper used in this publication meets the minimum requirements of American National Standard for Information Sciences—Permanence of Paper for Printed Library Materials, ANSI Z329.48-1984.

Manufactured in the U.S.A.

Esta serie

«¿Cómo podré entender, si alguien no me enseña?» (Hechos 8.31). Con estas palabras el etíope le expresa a Felipe una dificultad muy común entre los creyentes. Se nos dice que leamos la Biblia, que la estudiemos, que hagamos de su lectura un hábito diario. Pero se nos dice poco que pueda ayudarnos a leerla, a amarla, a comprenderla. El propósito de esta serie es responder a esa necesidad. No pretendemos decirles a nuestros lectores «lo que la Biblia dice», como si ya entonces no fuese necesario leer la Biblia misma para recibir su mensaje. Al contrario, lo que esperamos lograr es que la Biblia sea más leíble, más inteligible para el creyente típico, de modo que pueda leerla con mayor gusto, comprensión y fidelidad a su mensaje. Como el etíope, nuestro pueblo de habla hispana pide que se le enseñe, que se le explique, que se le invite a pensar y a creer. Y eso es precisamente lo que esta serie busca.

Por ello, nuestra primera advertencia, estimado lector o lectora, es que al leer esta serie tenga usted su Biblia a la mano, que la lea a la par de leer estos libros, para que su mensaje y su poder se le hagan manifiestos. No piense en modo alguno que estos libros substituyen o pretenden substituir al texto sagrado mismo. La meta no es que usted lea estos libros, sino que lea la Biblia con nueva y más profunda comprensión.

Por otra parte, la Biblia —como cualquier texto, situación o acontecimiento— se interpreta siempre dentro de un contexto. La Biblia responde a las preguntas que le hacemos; y esas preguntas dependen en buena medida de quiénes somos, cuáles son nuestras inquietudes, nuestra dificultades, nuestros sueños. Por ello estos libros escritos en nuestra lengua, por personas que se han formado en nuestra cultura y la conocen. Gracias a Dios, durante los últimos veinte años ha surgido dentro de nuestra comunidad latina todo un cuerpo de eruditos, estudiosos de la Biblia que no tiene nada que envidiarle a ninguna otra cultura o tradición. Tales son las personas a quienes hemos invitado a escribir para esta serie. Son personas con amplia experiencia pastoral y docente, que escriben para que se les entienda, y no para ofuscar. Son personas que a través de los años han ido descubriendo las dificultades en que algunos creyentes y estudiantes tropiezan al estudiar la Biblia —particularmente los creyentes y estudiantes latinos. Son personas que se han dedicado a buscar modos de superar esas dificultades y de facilitar el aprendizaje. Son personas que escriben, no para mostrar cuánto saben, sino para iluminar el texto sagrado y ayudarnos a todos a seguirlo.

Por tanto, este servidor, así como todos los colegas que colaboran en esta serie, le invitamos a que, junto a nosotros y desde la perspectiva latina que tenemos en común, se acerque usted a estos libros en oración, sabiendo que la oración de fe siempre recibirá respuesta.

Justo L. González
Editor General
Julio del 2005

Contenido

Dedicatoria

Dedico este libro a mi hijo, Antonio José Jiménez, en su decimoctavo cumpleaños.

Introducción

Este libro es un sueño hecho realidad. Comencé a estudiar la Epístola a los Hebreos en el Seminario Evangélico de Puerto Rico (SEPR), en mis cursos hacia la Maestría en Divinidad. Este documento bíblico—probablemente el más difícil de interpretar en todo el Nuevo Testamento—me fascinó. Volví a estudiarlo más adelante, en uno de mis cursos doctorales. También tuve el privilegio de enseñar cursos sobre este hermoso escrito bíblico en el Instituto Bíblico «Rev. Juan Figueroa Umpierre» de la Iglesia Cristiana (Discípulos de Cristo) en Puerto Rico y en el SEPR. A lo largo de los años, Hebreos ha sido una fuente de inspiración para mí, tanto a nivel personal como a nivel ministerial.

El libro que usted tiene en las manos es una introducción sencilla a un documento complejo. Contiene una introducción a la epístola, un comentario versículo por versículo, sugerencias para la predicación y la enseñanza, apéndices y una bibliografía comentada. Notará que el libro carece de las notas bibliográficas que normalmente caracterizan a las publicaciones académicas. Esto no se debe a un descuido, sino al diseño de esta serie. La misma busca introducir al lector o a la lectora a los problemas y a los temas básicos del texto bíblico bajo estudio. Por lo tanto, aquellas personas quienes deseen pasar a un nivel más avanzado deben consultar la bibliografía comentada que aparece al final del libro.

Termino esta corta introducción agradeciéndole al Dr. Justo L. González y a Augsburg Fortress la oportunidad de contribuir a la serie *Conozca su Biblia*. Espero, pues, que las ideas que presento en este libro sean de edificación al pueblo cristiano hispanoamericano. Del mismo modo, espero que este libro inspire a centenares de predicadores y predicadoras a proclamar el mensaje de la Epístola a los Hebreos.

Pablo A. Jiménez
11 de diciembre del 2005

Hebreos:

Una introducción a la epístola

L a Biblia contiene distintos tipos de literatura. Algunos libros bíblicos cuentan historias, otros proclaman leyes y aun otros contienen discursos de los profetas. Uno de estos tipos de literatura son las cartas. Sí, la Biblia contiene varias cartas que fueron escritas por líderes religiosos a personas, a congregaciones y hasta a grupos que vivían en regiones particulares.

El nombre que comúnmente se usa para referirse a estas cartas es «epístolas». La palabra «epístola», aplicada a la Biblia, describe una carta escrita con la intención de ser leída en público, ante una congregación. En cierto modo, una «epístola» es como una carta circular que se envía al público en general. El Nuevo Testamento contiene 21 epístolas que se pueden dividir en dos grandes grupos. Por un lado, encontramos 13 cartas relacionadas con la vida y el ministerio del Apóstol Pablo. Estas son Romanos, 1 y 2 a los Corintios, Gálatas, Efesios, Filipenses, Colosenses, 1 y 2 a los Tesalonicenses, 1 y 2 a Timoteo, Tito y Filemón. Por otro lado, están las Epístolas Generales (que en ocasiones se llaman Epístolas Universales). Estas se dividen de la siguiente manera:

1. Epístolas de Pedro: Este grupo incluye a 1 y 2 de Pedro. También incluye a Judas, dado que este documento se parece mucho a la Segunda Epístola de Pedro.

2. Las Epístolas de Juan: Este grupo incluye 1, 2 y 3 de Juan.

3. La Epístola de Santiago: Esta carta tiene varios puntos de contacto con el Evangelio según San Mateo.
4. La Epístola a los Hebreos: Esta es una carta muy particular, como veremos a continuación.

Hebreos: ¿Epístola o sermón?

La epístola a los Hebreos es un documento muy hermoso, pero es un tanto difícil de comprender. Esta dificultad se debe a varias razones. La primera se relaciona con el género de Hebreos. Es decir, ¿es Hebreos una epístola o no?

Como indicamos anteriormente, las epístolas son cartas circulares que tenían el propósito de servir como medios de comunicación entre un líder cristiano y un grupo de personas separadas por la distancia. La mayoría de las cartas del Nuevo Testamento comienzan indicando quién la escribió y a quién se dirige, y ofreciendo un saludo. Por ejemplo, 2 Corintios comienza diciendo:

> «Pablo, Apóstol de Jesucristo por la voluntad de Dios, y el hermano Timoteo, a la iglesia de Dios que está en Corinto, con todos los santos que están en toda Acaya: Gracia y paz a vosotros, de Dios nuestro Padre y del Señor Jesucristo».

> 2 Corintios 1.1–2

Nótese, pues, que los primeros versículos de la carta indican que sus autores son Pablo y Timoteo y que la carta se dirige a todas las personas que componen la iglesia cristiana en la ciudad de Corinto y que les saluda, deseándole gracia y paz de parte de Dios. Esta es la forma como comenzaban las cartas en los tiempos bíblicos.

Sin embargo, Hebreos no comienza de este modo. Por el contrario, comienza con una declaración teológica que no explicita quién es el autor ni quiénes son los destinatarios del escrito:

> «Dios, habiendo hablado muchas veces y de muchas maneras en otro tiempo a los padres por los profetas, en estos postreros días nos ha hablado por el hijo, a quien constituyó heredero de todo, y por quien asimismo hizo el universo; el cual, siendo el resplandor de su gloria, y la imagen misma de su sustancia, y quien sustenta todas las cosas con

la palabra de su poder, habiendo efectuado la purificación de nuestros pecados por medio de sí mismo , se sentó a la Majestad en las alturas, hecho tanto superior a los ángeles, cuando heredó más excelente nombre que ellos».

Hebreos 1.1–4

Hebreos comienza con un prólogo—parecido al prólogo del Evangelio de Juan—que se adentra rápidamente en el terreno de la discusión teológica. Más que una carta, parece un sermón.

Del mismo modo, el cuerpo del documento combina dos tipos de materiales. Primero, Hebreos contiene varias secciones que explican importantes doctrinas de la fe cristiana, particularmente la doctrina de la salvación a la luz de la muerte y resurrección de Jesucristo. Segundo, Hebreos contiene varias secciones donde exhorta a la audiencia a permanecer firme en la fe aun en medio de las pruebas. Una vez más, esta combinación de doctrina y exhortación evoca un sermón, no una carta.

Además, Hebreos se describe a sí misma como una «palabra de exhortación» (He. 13.22), no como una carta. La frase es la traducción de la palabra griega «paráklesis», que en otras partes del Nuevo Testamento se traduce como «sermón» o como «predicación». Por estas razones, muchas de las personas que se dedican al estudio y a la interpretación de la Biblia afirman que Hebreos es un sermón, no una carta o una epístola.

Algunos de los estudios más detallados sobre Hebreos afirman que el documento puede clasificarse como un comentario bíblico escrito con el propósito de exponer o predicar el mensaje del texto sagrado. En términos técnicos, el nombre de este tipo de escritos es «midrash homilético». «Midrash» es un término hebreo que significa «búsqueda» y que el judaísmo usa para referirse a escritos que comentan o explican un texto sagrado. El «midrash» explica e ilustra un pasaje de la Biblia en función del tiempo presente, exhortando a la audiencia a vivir en comunión con Dios. «Homilético», claro está, es un adjetivo que significa «referente a o relacionado con la predicación».

En resumen, podemos afirmar que Hebreos, más que una carta, es un sermón expositivo que explica la obra de Jesucristo a la luz del

5

mensaje del Salmo 110. Aun cuando parte de dicho salmo como texto básico, Hebreos incluye varias referencias y comentarios breves a otros pasajes de la Escritura. Todas estas referencias y comentarios están subordinados al tema central del sermón.

¿Quién escribió Hebreos?

El segundo elemento que dificulta la interpretación de Hebreos es la cuestión de su autor: ¿quién escribió Hebreos?

En algunas ediciones de la Biblia, se indica que el Apóstol Pablo escribió la carta. Sin embargo, esto es un error. En primer lugar, debemos recordar que los libros de la Biblia, en los idiomas originales, no contienen títulos ni subtítulos. Hebreos se escribió en griego común (también conocido como griego «koiné»). El texto griego de Hebreos no divide el documento en porciones ni coloca título alguno sobre las distintas secciones del libro. Por el contrario, los títulos que vemos sobre las distintas porciones de la Biblia han sido colocados allí por las editoriales que las publican.

En segundo lugar, no es muy probable que el Apóstol Pablo haya escrito la Epístola. Tanto el lenguaje como la teología del escrito difieren considerablemente del estilo literario y el pensamiento de Pablo. El lenguaje de Hebreos presenta una serie de particularidades interesantes. Primero, Hebreos se separa de la forma tradicional de la epístola usada por el apóstol Pablo. Este punto ya se discutió en la sección anterior. Segundo, en Hebreos encontramos 168 palabras que no aparecen en los demás escritos del Nuevo Testamento. Tercero, las citas del Antiguo Testamento se introducen con fórmulas distintas a las que emplea Pablo. Esto se discutirá a fondo más adelante. Cuarto, el lenguaje de Hebreos es elevado. El consenso entre los expertos es que, entre los escritos del Nuevo Testamento, Hebreos es uno de los que exhibe el mejor manejo del griego. Su lenguaje es más refinado que el de cualquiera de las epístolas de Pablo.

Sobre la teología del escrito podemos decir que, aunque Hebreos presenta algunos puntos en común con Pablo, los puntos fundamentales de la carta difieren considerablemente del pensamiento del Apóstol. La teología es distinta puesto que en Hebreos la fe se ve como confianza (He. 11.1) no como un nuevo entendimiento (véase a Ro. 12.1–2; 1

Co. 5.17; Ef. 4.17–24). La cruz sólo se menciona una vez (Hebreos 12.2) mientras que en la teología de Pablo la cruz es central a la fe. Por último, la cristología es diferente puesto que Pablo nunca emplea el título «Sumo Sacerdote», común en Hebreos, y Hebreos nunca emplea la fórmula «en Cristo», común en las epístolas paulinas.

Dado que no se puede probar que el Apóstol Pablo haya sido el autor de Hebreos, a través de los años varios expertos han propuesto múltiples teorías sobre el autor de este interesante documento bíblico. Apolos es uno de los personajes propuestos como posibles autores de Hebreos. Como podemos recordar, Apolos era un predicador proveniente de la ciudad de Alejandría, en Egipto (véase Hch. 18.24–28). Aunque era un gran predicador, Apolos no conocía el Evangelio de Jesucristo. Por esta razón, la pareja compuesta por Priscila y Aquila le instruyó en los rudimentos de la fe cristiana.

La razón principal por la cual varias personas creen que Apolos es el escritor de la carta es su ciudad natal. Alejandría, a pesar de ser una ciudad egipcia, tenía una población judía muy prominente. El filósofo Filón de Alejandría fue uno de los líderes principales de la comunidad judía en Alejandría durante el primer siglo de la era cristiana. Filón interpretaba el Antiguo Testamento a la luz de las enseñanzas de la filosofía griega, particularmente las de Platón. Algunos expertos en el estudio de la Biblia afirman que Hebreos también manifiesta cierta influencia de la filosofía platónica. La teoría es, pues, que Apolos escribió Hebreos usando las técnicas de interpretación bíblica que había aprendido en Alejandría. Aunque esta teoría es interesante, tampoco puede probarse a ciencia cierta. El hecho es que Hebreos no menciona a Apolos, ni a Filón ni a la ciudad de Alejandría.

En 1900 el erudito alemán Adolf Von Harnack propuso la hipótesis de que Hebreos había sido escrita por Priscila, en unión a su esposo Aquila, que se mencionan en textos tales como Romanos 16.3–5; 1 Corintios 16.19; Hechos 18.2–4, 18,26; y 2 Timoteo 4.19. Se cree que Priscila y Aquila eran parte de la comunidad cristiana en Roma y que emigraron de allí a causa del edicto que, de acuerdo al historiador Suetonio en su libro *Los doce césares*, el Emperador Claudio promulgó en el año 49 expulsando de Roma a los «judíos que se agitaban por instigación de un tal Crestos». El libro de los Hechos presenta a Priscila y Aquila como personas que enseñaban la fe a otros líderes cristianos. Como indicamos anteriormente, esta pareja se distingue por ser la que instruyó a Apolos en los rudimentos de la fe cristiana (Hch. 18.26). Esta tesis explicaría por qué Hebreos no dice quién lo escribió, es decir, por qué es un documento anónimo. La teoría presenta dos escenarios posibles. Por un lado, es posible que Priscila no firmara el documento para evitar que la gente lo rechazara. Por otro lado, es posible que alguien eliminara los versículos iniciales del documento para suprimir el nombre de Priscila.

El problema con esta interesante tesis es que la misma es imposible de probar. Tampoco explica el hecho de que una de las palabras griegas que aparece Hebreos 11.32 da a entender que el autor era un varón.

¿Qué podemos decir, pues, sobre el autor de Hebreos? La conclusión es sencilla, aunque poco satisfactoria. Hebreos es un documento anónimo; no podemos determinar quién lo escribió. En este punto, podemos recordar las palabras que Orígenes, un prominente teólogo de la Iglesia antigua, escribió sobre este tema: «Sólo Dios sabe quién escribió Hebreos.»

¿Cuándo se escribió Hebreos?

Hebreos no dice cuándo se escribió. Al igual que la inmensa mayoría de los documentos de la Biblia, Hebreos no indica con claridad su fecha de composición. Una de las maneras como podemos determinar la fecha en que se escribió un documento antiguo es buscando referencias en otros documentos que pueden ser fechados con más claridad.

En este caso, existe un documento antiguo que cita Hebreos en dos ocasiones. Este documento se conoce como la Primera epístola de Clemente a los Corintios y se cree que se escribió cerca del año 95 de la era cristiana. Clemente fue obispo de la iglesia en Roma a finales del primer siglo. Probablemente, escribió la carta cerca del año 96, ya que Clemente sufrió el martirio bajo el reinado del Emperador Domiciano, quien reinó del año 81 al 96. Estas referencias permiten determinar que Hebreos se escribió antes del año 95 de la era cristiana.

El lugar donde se escribió Hebreos es otro misterio. Existen varias teorías sobre el tema. Algunos expertos piensan que se escribió en Asia Menor. Otros afirman que se redactó en Roma. Aun otros indican que se escribió en Asia Menor para ser enviada a Roma. Estas son teorías que no pueden probarse a ciencia cierta. Lo que sí parece claro es que la carta tiene cierta conexión con Roma, puesto que Clemente, quien era obispo de esa ciudad, fue el primero en citarla.

¿Para quiénes se escribió Hebreos?

La tercera dificultad que encontramos a la hora de interpretar Hebreos es determinar a quién se dirige el escrito: ¿quiénes fueron los destinatarios de este documento?

El problema es que Hebreos no identifica a sus destinatarios. No sabemos para quién fue escrito este documento y, si fuera en realidad un sermón, no sabemos ante cuál congregación fue predicado. Si este es el caso, la pregunta que se impone es otra: ¿por qué se conoce como la «Epístola a los Hebreos»?

Esta epístola se llama «a los Hebreos» porque trata temas relacionados con el Antiguo Testamento, tales como el sumo sacerdocio judío, los sacrificios y el orden del culto en el templo. Una vez más, la escasa evidencia ha provocado el desarrollo de diversas teorías sobre la identidad de los destinatarios del escrito. La hipótesis tradicional es que Hebreos se escribió a una congregación cristiana compuesta por personas de trasfondo judío. De primera intención, el uso de las técnicas de interpretación bíblica que usaban los rabinos judíos (el «midrash») y la complicada exposición sobre la forma del culto hebreo parecen confirmar esta idea.

Sin embargo, la mayor parte de los expertos modernos afirma que Hebreos se escribió originalmente para un grupo de cristianos de trasfondo griego. Apoyan sus ideas en Hebreos 2.3, donde habla de la salvación diciendo: «... y nos fue luego confirmada por quienes la oyeron». Esto indica que tanto los destinatarios como el autor no escucharon el Evangelio de labios de Jesús de Nazaret sino que se convirtieron gracias a la predicación de los apóstoles o sus sucesores. Además, las personas que proponen esta teoría afirman que la forma como Hebreos está escrita demuestra que las personas que la escucharon por primera vez no eran cristianos de trasfondo judío.

Hebreos se escribió originalmente en griego y en un estilo elegante. Esto nos lleva a concluir que su autor era una persona de gran habilidad literaria y que, del mismo modo, las personas quienes la escucharon por primera vez también tenían la habilidad para comprender este estilo literario elevado. De hecho, muchos expertos afirman que el estilo literario de la carta recuerda la forma como se predicaba en las sinagogas donde adoraban los judíos de trasfondo griego. En este sentido, Hebreos se parece al Evangelio según San Lucas, que también tiene un estilo literario elevado.

Una tercera teoría sobre las personas que recibieron la carta sugiere que la misma se escribió a creyentes que estaban relacionados de alguna manera con los Esenios, una secta judía que tenía un monasterio en un lugar llamado Qumrán, que se encontraba en una de las montañas que rodeaban el Mar Muerto. Los Esenios eran judíos conservadores que criticaban a las otras sectas judías por su falta de santidad y compromiso. Esta secta produjo una serie de documentos que fueron descubiertos durante la primera parte del siglo XX y que se conocen como los rollos del Mar Muerto o los rollos de Qumrán. Las personas que proponen esta teoría indican que Hebreos toca varios temas que también aparecen continuamente en los documentos Esenios. Por ejemplo, Hebreos trata temas tales como la doctrina de los ángeles y su relación con la humanidad, cómo interpretar la Biblia y la importancia de la figura de Melquisedec, entre otros.

En conclusión, no sabemos a quiénes Hebreos se dirigió originalmente. Los expertos no han logrado un consenso sobre la identidad de los destinatarios de Hebreos. Lo que sí afirma la inmensa mayoría de los expertos en el estudio del Nuevo Testamento es que Hebreos no se escribió para una iglesia tradicional. Por el contrario, Hebreos se dirige a una congregación de creyentes interesados en temas muy particulares, tales como el sumo sacerdocio de Jesucristo, la salvación y la interpretación correcta de la Biblia. Repetimos, Hebreos no se escribió para una congregación tradicional.

¿Cómo podemos interpretar el mensaje de Hebreos?

Tradicionalmente, las epístolas se interpretan en base a la relación entre la persona que las escribió y la congregación que la recibió.

Como hemos visto, Hebreos no nos da esa opción. Ya que no podemos identificar el autor ni la comunidad a quien fue dirigida esta palabra de exhortación, es necesario acercarse al escrito de otro modo. Es necesario leer Hebreos para ver cómo el texto está organizado. Sólo leyendo el texto de forma detallada podremos comprender por qué se escribió, para qué se escribió y cuál era la situación de la Iglesia que la escuchó por primera vez.

Hebreos se distingue por ser el libro del Nuevo Testamento que contiene el argumento sostenido más largo. De principio a fin, Hebreos habla sobre un solo tema: Jesús es el Sumo Sacerdote del nuevo pacto. El argumento es escalonado y progresivo. Es decir, las ideas nuevas se basan en las anteriores y, por lo tanto, dichas ideas nuevas tienden a ser más difíciles de comprender. Por lo tanto, es imposible comprender un capítulo si no se entiende lo que dice el anterior.

La epístola a los Hebreos presenta una estructura particular. El texto comienza con un breve prólogo que no se parece al comienzo del resto de las epístolas del Nuevo Testamento. Sin embargo, termina con una conclusión muy parecida a las del resto de las cartas. El cuerpo de la carta se divide en cinco secciones, cada una de las cuales trata, a su vez, dos temas. En cuatro de las cinco secciones hay un texto que sirve de puente entre un tema y el otro. Veamos, pues, un resumen del contenido de Hebreos.

1. Apertura (1.1–4): La epístola comienza con un breve *prólogo* que trata sobre la intervención de Dios en la historia (1.1–4).

2. La superioridad del Hijo (1.5–2.18): Estos versículos sirven de introducción a la *primera parte* del escrito, que trata sobre la superioridad del Hijo (1.5–2.18). Esta sección presenta dos temas: la coronación del Hijo como Rey (1.5–14) y su solidaridad con la humanidad alcanzada por medio del sufrimiento (2.5–18). Estos dos temas están unidos por una exhortación a reconocer la autoridad del Hijo (2.1–4).

3. Cristo es nuestro Sumo Sacerdote (3.1–5.10): La *segunda parte* afirma que Cristo es nuestro Sumo Sacerdote (3.1–5.10). Los temas que trata son los de «Jesús, el Sumo Sacerdote fiel» (3.1–6) y «Jesús, el Sumo Sacerdote compasivo» (4.14–5.10). Los

temas están unidos por una advertencia contra la incredulidad (3.7–4.13).

4. Características del sumo sacerdocio de Cristo (5.11–10.39): La *tercera parte* presenta las características del sumo sacerdocio de Cristo (5.11–10.39). Esta es la sección más importante del escrito. Comienza con una advertencia contra la pereza (5.11–6.20). A renglón seguido, pasa a considerar los temas de «Jesús, Sumo Sacerdote según la orden de Melquisedec» (7.1–28) y la eficacia del sacerdocio de Cristo (10.1–18). Estos temas están unidos por el puente que forman los capítulos 8 y 9. *Este es el centro teológico de la carta donde se presenta la tesis central del escrito: Jesús es el Sumo Sacerdote perfecto (8.1–9.28).* Esta sección termina del mismo modo en que comienza, con una exhortación a acercarnos a Dios (10.19–39).

5. La perseverancia (11.1–12.13): El tema de la perseverancia en la fe se trata en la *cuarta sección* (11.1–12.13). Esta parte presenta varios ejemplos de la fe (11.1–40) seguidos por un llamado a la perseverancia y a aceptar la disciplina del Señor (12.1–13).

6. Orientación para la vida cristiana (12.14–13.18): La *quinta parte* es una orientación para la vida cristiana (12.14–13.18). Ésta presenta dos llamados: uno a la santidad (12.14–29) y otro a la solidaridad con el mundo y con la iglesia (13.7–19). Estos llamados están unidos por una sección de consejos finales (13.1–6).

7. Conclusión (13.20–25): La *conclusión* (13.20–25) incluye una bendición o doxología (13.20–21) y la despedida (13.22–25).

Nótese que algunas secciones terminan con un *anuncio* que introduce el tema de la siguiente sección. Así, Hebreos 1.4 anuncia el tema de la superioridad del Hijo; 2.17–18 afirma que Jesús es el Sumo Sacerdote fiel y compasivo; 5.9–10 indica que Jesús es el Sumo Sacerdote perfecto, según la orden de Melquisedec; y 12.13 anuncia el tema de la vida en el camino de la fe.

¿Cuál era la situación de «los Hebreos»?

La situación de la congregación que recibió originalmente la Epístola a los Hebreos era ciertamente difícil. Se cree que la comunidad cristiana que conocemos como «los Hebreos» estaba sufriendo mucho. El sufrimiento provenía de por lo menos tres fuentes. En primer lugar, tenía causas económicas, ya que las comunidades cristianas eran, en su mayoría, pobres. Segundo, tenía ribetes sociales y políticos. La mayor parte de los creyentes eran esclavos y extranjeros residentes. Por lo tanto, no tenían los mismos derechos que los ciudadanos romanos. Tercero, tenía aspectos religiosos. Los romanos acusaban a los cristianos de ser «ateos» porque no participaban del culto oficial del estado, que requería que el pueblo adorara al Emperador romano.

Hebreos tiene tres pasajes que demuestran esta situación de sufrimiento y de angustia. Primero, en 10.32–39 encontramos un pasaje que exhorta a la audiencia a perseverar en la fe. El texto indica que los creyentes sostuvieron un «gran combate» (v. 32b). ¿En qué consistió dicho combate por la fe? Se cree que los creyentes que llamamos «los Hebreos» sufrieron tres formas de humillaciones y castigos. Algunos fueron humillados por las autoridades romanas, enjuiciados por no adorar al Emperador romano y fueron echados a la cárcel. Otros fueron humillados cuando se vieron obligados a visitar a los cristianos que habían sido encarcelados. Aun otros fueron enjuiciados por ser cristianos y, en lugar de ir a la cárcel, vieron como el gobierno romano les confiscaba todos sus bienes. Estas situaciones presentaron pruebas muy duras para la iglesia.

Segundo, 12.1–13 afirma que Jesús es el modelo de fe que debemos seguir. El texto comienza hablando de «la gran nube de testigos» que rodea a los creyentes. Debemos notar que la palabra griega que el texto traduce como «testigos» es «mártir». Como bien sabemos, con el tiempo la palabra «mártir» se convirtió en un término técnico para referirse a una persona que está dispuesta a sufrir y hasta a morir por su fe. De aquí se desprende que Jesús es el testigo por excelencia que sufrió física, emocional y espiritualmente.

Si Jesús es nuestro modelo, queda claro que los creyentes también debemos estar dispuestos a sufrir por nuestra fe. Como dice el versículo 4, debemos estar dispuestos a resistir «hasta la sangre». La función de este pasaje es dar consuelo a «los Hebreos», que han venido a ser compañeros de Jesús en el sufrimiento.

Finalmente, 13.1–19 exhorta a la solidaridad con las personas que estaban presas y las que habían sido maltratadas (v. 3). ¿Quiénes eran estas personas que habían sufrido tanto? Como sugiere el capítulo 10, se cree que las personas que estaban presas eran creyentes. Lo que es más, eran líderes del movimiento cristiano. Afirmamos este punto porque la historia enseña que las autoridades romanas acostumbraban encarcelar y torturar a los líderes cristianos, buscando asustar y descorazonar a quienes formaban parte de sus congregaciones.

Estos pasajes plantean la siguiente pregunta: ¿Fueron los Hebreos víctimas de una persecución organizada? Algunos comentaristas contestan en la afirmativa. Otros, afirman que los Hebreos no fueron perseguidos y que su deterioro espiritual se debió a su falta de compromiso. Por mi parte, creo que ambas premisas están equivocadas.

Mi posición es que los miembros de la congregación cristiana que conocemos como «los Hebreos» se encontraban estancados en su desarrollo cristiano (5.12); seducidos por la pereza (6.12); endurecidos (capítulos 3 y 4); débiles y cansados (12.12); faltos de compromiso (10.25); en peligro de apostasía (2.3; 3.12; 4.1; 10.26–31; 12.25) y de perderse como un barco a la deriva (2.1). La pregunta que se impone es: ¿Qué causó el estancamiento espiritual de los Hebreos?

Lo que llevó a la iglesia al estancamiento espiritual fue el temor a la persecución y al sufrimiento. Este temor los paralizó, los llevó a la inacción. Esta parálisis puede verse, en forma particular, en varios pasajes del texto. En Hebreos 5.11–6.3 encontramos una reflexión sobre la madurez en la fe. El texto deja claro que los destinatarios estaban estancados en su desarrollo cristiano. Es decir, el texto afirma que los creyentes que formaban parte de esta congregación no habían crecido en su conocimiento de la doctrina cristiana ni en la capacidad de reflexión ética y moral. Por su parte, Hebreos 10.25 critica la falta de compromiso de esta comunidad cristiana. El texto indica que muchas personas faltaban a las reuniones y les exhorta a congregarse.

Sin embargo, los pasajes que arrojan más luz sobre la situación de los Hebreos son aquellos que advierten sobre el peligro de la apostasía. Como sabemos, la «apostasía» es la pérdida de la fe. El apóstata es aquel que, después de haber abrazado la fe, la niega y la abandona.

Sin embargo, para entender estos textos, es necesario definir el término «apostasía» en el Nuevo Testamento y hablar un poco sobre la situación general de la iglesia cristiana a finales del primer siglo.

El Imperio romano era muy grande. Se extendía desde España hasta Asia. Abarcaba una gran diversidad de pueblos y de culturas. Por esta razón, los pocos elementos que unían al Imperio tenían gran importancia. Uno de esos elementos era la adoración o el culto al Emperador romano. A finales del primer siglo de la era cristiana, el Emperador romano de turno era adorado como un dios. Los súbditos del Imperio debían reconocer al Cesar como Señor. Esta práctica religiosa chocaba con la confesión de fe que reconoce a Jesucristo como único Señor. Como es de esperar, la iglesia primitiva se negaba a adorar al emperador. Esto llevó a las autoridades romanas a proscribir la religión cristiana. Aquellos cristianos que eran apresados por el ejército romano eran obligados a negar su fe, maldiciendo el nombre de Cristo. Los que se mantenían firmes en su fe eran humillados, despojados de sus propiedades y maltratados. Los esclavos eran asesinados; los ciudadanos, encarcelados. No debe sorprendernos que algunos cristianos prefirieran negar su fe antes de sufrir tanto. Estas personas que negaban su fe para salvar tanto sus propiedades como sus vidas eran llamadas «apóstatas». Literalmente, la palabra «apostasía» quiere decir «separarse de». Los apóstatas son, pues, las personas que se separan de la fe por conveniencia personal.

Hebreos contiene varias advertencias sobre el peligro de la apostasía. La primera se encuentra en Hebreos 2.1–4. Ésta advierte sobre el peligro de descuidar la fe (v. 3), indicando que los ángeles que se rebelaron contra Dios recibieron su justo castigo (v. 2). La segunda, Hebreos 6.4–9, afirma que es imposible volver a «crucificar a Cristo» (v. 6) para renovar a un creyente que quiere volver al redil después de negar su fe. Tercero, Hebreos 10.26–31 desarrolla las ideas antes expuestas, usando un argumento de menor a mayor basado en la Ley de Moisés. Si las personas que violaban la Ley mosaica eran castigadas (v. 28), cuánto más aquéllas que nieguen a Cristo, pisoteando así al Hijo de Dios (vv. 29–30). El texto concluye diciendo: «¡Horrenda cosa es caer en manos del Dios vivo!» (v. 31). Finalmente, Hebreos 12.25–29 vuelve al Antiguo Testamento, afirmando que si Dios castigó a los que rechazaron la palabra de Moisés, cuánto más será el castigo de aquellos que desechen la palabra de Cristo. Este pasaje también termina con una advertencia solemne: «Porque nuestro Dios es fuego consumidor» (12.29).

En resumen, la iglesia cristiana a la que se dirigió originalmente esta epístola o sermón estaba pasando por momentos de angustia, provocados por la opresión del gobierno romano. La iglesia estaba estancada, desanimada y falta de compromiso. Algunos creyentes estaban considerando negar su fe en Cristo para salvar tanto sus posesiones materiales como sus vidas.

¿Cuál es el mensaje central de Hebreos?

Hebreos responde a los problemas que estaba enfrentando la iglesia; responde a la situación de opresión y angustia que estaba experimentando la comunidad cristiana durante el primer siglo de la era cristiana; y responde con una palabra de aliento basada en las enseñanzas básicas la fe cristiana. Al hacerlo, también responde a las situaciones de opresión, angustia y estancamiento espiritual que la iglesia pueda experimentar hoy.

El argumento que presenta Hebreos persigue un propósito práctico: evitar que la comunidad caiga en la apostasía. El texto llama a esta comunidad cristiana a mantenerse firme en la fe ante el embate de las fuerzas de la muerte. Hebreos hace esta apelación de manera novedosa. En lugar de repetir lo ya conocido, invita a comprender la salvación en una perspectiva distinta.

Hebreos desarrolla dos ideas teológicas fundamentales. La primera es que Jesús es el hijo de Dios, el «autor» de la salvación, el Sumo Sacerdote eterno según la orden de Melquisedec y el mediador de un nuevo y mejor pacto entre Dios y la humanidad. El estudio de la enseñanzas bíblicas sobre la persona de Jesucristo se llama «cristología». Hebreos, pues, plantea una cristología particular. Hebreos ve la obra de Cristo como la expresión de la unidad o «solidaridad» de Dios con la humanidad. Esta obra salvífica lleva a la comunidad a vivir en comunión con Dios y a practicar la solidaridad con otras personas de fe que puedan estar pasando por momentos de dolor y sufrimiento.

En cierto sentido, podemos afirmar que Hebreos presenta el sufrimiento y la muerte de Jesús como el modelo o paradigma de la muerte de todo ser humano. Las autoridades romanas asesinaron a Jesús de manera injusta e inmoral, pero su muerte no fue en vano. La muerte de Jesús condena todas las muertes injustas que puedan ocurrir en la historia humana. Su muerte denuncia la existencia del pecado y del sufrimiento en el mundo. Su muerte fue un sacrificio en beneficio de toda la humanidad. Su muerte es la muerte para acabar con todas las muertes.

El sumo sacerdocio de Cristo es el tema principal de la cristología de Hebreos (5.14–16). Con esta estrategia, Hebreos busca crear un nuevo entendimiento de la vida de fe en la comunidad cristiana. Es decir, busca transformar nuestra manera de pensar la fe. A su vez, este nuevo entendimiento tiene como fin o meta crear una nueva ética; una nueva práctica de la fe que les dé esperanza y los saque de su estancamiento espiritual. La nueva manera de pensar la fe nos debe llevar necesariamente a una nueva manera de vivir la fe.

¿Cuáles deben ser las características de esta nueva vida de fe? Nuestra nueva práctica de la fe debe caracterizarse por los siguientes elementos.

1. Perseverancia militante: El creyente debe mantenerse firme en la fe aun ante los ataques que pueda recibir. El mal existe y las fuerzas del mal se oponen a Dios. Lo que es más, las fuerzas del mal también se oponen al pueblo de Dios. Por lo tanto, los creyentes sabemos que seremos atacados por las fuerzas del mal, del pecado y de la muerte. Si nos mantenemos firmes en la fe, podremos vencer los ataques malignos que podamos recibir.

2. Su solidaridad con el que sufre: Los creyentes siempre debemos apoyarnos los unos a los otros. Ese apoyo es necesario de manera particular cuando hay situaciones de dolor y de sufrimiento. Podemos lograr esta solidaridad por medio de la oración, del acompañamiento y de la ayuda material.

3. Su compromiso cristiano: Hebreos recalca la seriedad que tiene el compromiso con Dios. La persona que decide seguir el camino de Jesucristo debe saber que dar vuelta atrás tiene consecuencias espirituales muy graves. El creyente que toma la fe a la ligera,

renegando de Dios al menor problema, se expone a caer en una situación de endurecimiento espiritual de la cual no podrá salir. Además, se arriesga a que Dios le deseche por menospreciar el sacrificio de Jesucristo.

4. La lucha por un nuevo orden: El compromiso con Dios nos lleva necesariamente a luchar por la transformación de la sociedad a la luz de los valores que predica la fe cristiana. En otras palabras, el compromiso evangélico nos llama a luchar por la llegada del reino de Dios, que es un nuevo orden de justicia y de paz. El creyente debe saber que, aunque esperamos con fe la victoria al final de los tiempos, la lucha será larga y difícil. En el proceso podemos sufrir mucho, pagando un precio tan alto como el martirio.

5. La continua presencia de Dios: El creyente fiel sabe que está continuamente ante la presencia de Dios. Dios está aquí, con nosotros, en todo momento. La fe no sólo se vive en los espacios sagrados, tales como el templo o el lugar de oración. ¡Todo lo contrario! La fe cristiana se vive en la vida diaria; esa vida es uno de los lugares donde se manifiesta la acción de Dios. Por lo tanto, debe quedar claro que el mundo no tiene dos historias, una religiosa y otra secular. El mundo, y por ende la humanidad, tiene una sola historia. La santidad, la solidaridad y el compromiso deben expresarse en forma íntegra en la totalidad de la vida humana.

Ahora bien, esta vida de fe no puede vivirse de manera individualista. Si vamos a vivir en solidaridad, es necesario formar parte de un pueblo; del pueblo de Dios; de una comunidad cristiana donde los creyentes puedan apoyarse mutuamente. Para ser una persona cristiana es necesario formar parte de una congregación cristiana que entienda que, a su vez, es parte de la iglesia de Jesucristo.

Hebreos presenta a la iglesia como un pueblo en medio de un viaje. La iglesia es el pueblo de Dios que ha emprendido un peregrinaje por el camino vivo y nuevo abierto por Jesús (10.20) La meta de este peregrinaje es alcanzar el reposo (4.1), la gloria (2.10), la comunión con Cristo (4.15), la nueva Jerusalén (13.22) y la presencia misma de Dios (12.2).

Como sabemos, la idea de un pueblo en marcha viene del Antiguo Testamento. En el libro del Éxodo vemos que Dios sacó al pueblo de Israel de la tierra de Egipto, donde se encontraba esclavizado. El pueblo hebreo era una comunidad de peregrinos que, después de 40 años vagando por el desierto, pudo entrar a la Tierra Prometida. Hebreos presenta a la iglesia cristiana como el nuevo pueblo de Dios que está participando de un nuevo éxodo. El tema del peregrinaje aparece en los capítulos 2 y 4 y en los capítulos 11 y 12. Al igual que los israelitas no tenían nada que buscar en Egipto, los peregrinos cristianos no tienen nada que buscar en su vieja manera de vivir. La vida vieja forma parte del viejo «orden» que desaparecerá cuando el reino de Dios se manifieste de forma plena. Al igual que los israelitas buscaban la Tierra Prometida, los peregrinos cristianos buscan el descanso (4.9–11). Dicho descanso se encuentra cuando el creyente se acerca «a la ciudad del Dios vivo, Jerusalén la celestial, a la compañía de muchos millares de ángeles, a la congregación de los primogénitos que están inscritos en los cielos, a Dios el juez de todos, a los espíritus de los justos hechos perfectos» (12.22–23). Al igual que Abraham, el creyente debe buscar el cumplimiento de la promesa divina (11.8–10). En resumen, la meta del peregrinaje de la iglesia es la presencia misma de Dios (12.1–2).

Conclusión

Hebreos tiene un mensaje pertinente para hoy. La epístola nos llama a tomar en serio nuestra fe, a profundizar en el conocimiento de las Sagradas Escrituras, a solidarizarnos con otros creyentes, a vivir nuestra fe sin temor y a luchar por la transformación de la sociedad a la luz de los valores del reino de Dios. A través de los tiempos, Hebreos le dice a la iglesia cansada, temerosa y estancada:

> «Por tanto, nosotros también, teniendo en derredor nuestro tan grande nube de testigos, despojémonos de todo peso y del pecado que nos asedia, y corramos con paciencia la carrera que tenemos por delante, puestos los ojos en Jesús, el autor y consumador de la fe, el cual por el gozo puesto delante de él sufrió el oprobio y se sentó a la diestra del trono de Dios»

Hebreos 12.1–2

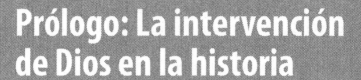

Prólogo: La intervención de Dios en la historia

(1.1-4)

El prólogo de Hebreos es uno de los pasajes claves de la Epístola. Estos cuatro versículos, que en griego forman una sola oración, anuncian las ideas fundamentales de la carta.

El tema principal del prólogo es la intervención de Dios en la historia humana. El texto afirma que Dios ha tomado la iniciativa en el proceso de la salvación, ya que se ha acercado a la humanidad «en muchas partes y en diversas formas» (v. 1). La introducción afirma, además, que la intervención divina ha llegado a su punto culminante en la persona de Jesucristo. Por medio del Hijo, Dios ha hablado en forma definitiva a la humanidad (v. 2). Las implicaciones de este tema podrán verse claramente tanto en las citas tomadas del Antiguo Testamento como en las secciones donde se exalta la palabra de Dios (4.12–13).

El prólogo también sugiere toda una serie de temas menores, que preparan al lector o a la lectora para comprender la carta. La comparación entre Cristo y los ángeles en el v. 4 no sólo concluye la introducción, sino que introduce el tema de la superioridad del Hijo. Este tema se desarrolla más adelante en 1.5 al 2.28, donde se afirma que Jesús es superior a los ángeles; en 3.1–6, donde se proclama que Jesús es superior a Moisés; en 4.8–10, donde se asevera que Jesús es superior a Josué; y en 4.14 al 5.10, donde se declara que Jesús es superior a Aarón. Sobre esta base el texto construirá su argumento central: Jesús, Sumo Sacerdote según la orden de Melquisedec, es el mediador de un nuevo y mejor pacto.

Del mismo modo, el texto habla sobre la preexistencia, encarnación, muerte y exaltación de Cristo (vv. 2–3). Estas referencias anuncian la reflexión sobre la encarnación que se encuentra en 2.5–18, la exposición sobre el sacrificio de Cristo en la cruz que aparece en 9.23 al 10.31 y la exhortación de 12.1–3, basada en la exaltación de Jesús, «el autor y consumador de la fe».

El contraste entre la manera en que Dios se reveló en el pasado y la revelación por medio de Jesús presagia el contraste entre el peregrinaje del pueblo de Dios en el desierto y el peregrinaje del nuevo pueblo de Dios hacia la Jerusalén celestial (véase 3.7 al 4.11; 11.8–16; 12.18–24). También anticipa la exposición que se encuentra desde el 7.1 hasta el 10.18, que presenta tanto el contraste entre el antiguo orden sacerdotal y el sacerdocio de Cristo como el contraste entre el antiguo y el nuevo pacto.

El prólogo de Hebreos presenta una estructura particular. Como indicamos anteriormente, los cuatro versículos forman en griego una sola oración. Los primeros dos están construidos en forma paralela:

v. 1	v. 2
Dios, habiendo hablado	Dios ha hablado
en otro tiempo	en estos postreros días
a los padres	a nosotros (nos)
por los profetas	por el Hijo

El v. 3 habla de la acción de Dios en la historia y de la obra de Jesucristo. La frase «el cual» es la traducción de una palabra griega que aparece comúnmente al principio de cánticos y poemas. Este detalle sugiere que el autor está citando un himno de la iglesia primitiva o una confesión de fe.

Por su parte, el v. 4 juega un papel muy importante en el desarrollo del tema central de Hebreos. Primeramente, anuncia el tema de la superioridad del Hijo sobre los ángeles, que se desarrolla en los versículos subsiguientes (1.5 al 2.18). Segundo, hace alusión al Salmo 110, introduciendo así el texto que servirá de base al resto del documento.

Comentario versículo por versículo

El prólogo comienza afirmando que Dios «ha hablado» a la humanidad. El texto se refiere a una actividad completada en el pasado. De este modo, el versículo recalca dos elementos importantes. Primero, resalta la importancia de la palabra y la revelación divina. Este es uno de los temas básicos de Hebreos, ya que el tratado utiliza 64 veces los verbos griegos que se traducen por la palabra «hablar» («laléô» y «légô») y los nombres griegos que pueden traducirse por el término «palabra» («lógos» y «réma»).

El pasaje afirma que Dios ha hablado «muchas veces y de muchas maneras» (v. 1a) a la humanidad. La revelación divina ha llegado al ámbito humano en forma fragmentada, pues cada profeta proclamó «una parte» de la palabra de Dios; palabra que ahora viene a nosotros de manera integrada en el Hijo. En este sentido, el mensaje del prólogo de Hebreos está muy cerca de las afirmaciones del prólogo del Evangelio según San Juan: Jesucristo es la palabra encarnada de Dios (Jn. 1.1 y 14).

El texto continúa indicando que la palabra de Dios se transmitió «en otro tiempo a los padres por los profetas» (v. 1b). La traducción literal del texto es «en tiempos pasados». Queda claro que el texto se refiere tanto a los patriarcas como a los profetas del Antiguo Testamento. La frase contrasta con el comienzo del v. 2: «en estos postreros días [Dios] nos ha hablado por el Hijo». Literalmente, el texto dice «al final de estos días», en una clara referencia a la llegada del nuevo orden esperado desde el Antiguo Testamento. En este sentido, Hebreos comparte la misma esperanza que el resto del Nuevo Testamento. Cristo nos libera del antiguo orden maligno, donde el mal esclaviza y oprime a la humanidad, para conducirnos a un orden nuevo de vida y salvación. La comunidad cristiana vive en la coyuntura entre estas edades; entre la muerte del orden maligno y el nacimiento del reino de vida.

En esta era nueva, Dios «nos ha hablado por el Hijo» (v. 2a). La intención del texto es contrastar a Jesús con los profetas. En el pasado, Dios habló por medio de mensajeros que comunicaron en forma fragmentada la revelación divina. Ahora, Dios ha hablado en forma definitiva por un Hijo, que goza de una posición particular en el orden divino.

La segunda parte del v. 2 caracteriza a Jesús como aquel «a quien [Dios] constituyó heredero de todo, y por quien hizo el universo». Jesús se presenta como el agente de la creación. Esta afirmación no es nueva en las Escrituras. En el Antiguo Testamento encontramos pasajes que presentan la sabiduría como un instrumento que Dios usó para crear el mundo (véase Pr. 8.22–31). También se encuentran afirmaciones similares en algunos libros deuterocanónicos, tales como Eclesiástico 24.1–12 y el Libro de la Sabiduría 7.12, 21 y 8.4. Le tomó poco tiempo a la iglesia identificar a Jesús con la «sabiduría». En 1 Corintios 1.30, Pablo afirma que Jesús «ha sido hecho por Dios sabiduría». El próximo paso no se hizo esperar. La iglesia atribuyó a Jesús las cualidades que caracterizaban a la Sabiduría en las Escrituras. También 1 Corintios 8.6, Romanos 11.36, Colosenses 1.16 y Juan 1.3, 10 presentan a Jesús como el Hijo de Dios que existía desde antes de la creación y a través del cual Dios ha creado todas las cosas.

El v. 2 habla de la creación del «universo». Esta frase puede interpretarse de diversas maneras. Otras traducciones modernas la traducen por «los mundos» (Versión Popular) o «las edades del mundo» (Latinoamericana). Para comprender el significado del texto, debemos recordar que el Nuevo Testamento divide la historia en dos «edades»: la antigua edad maligna y la nueva era de vida. El texto afirma que Dios ha creado ambas edades. La primera cayó víctima de la opresión del pecado; la segunda verá la liberación definitiva. En este sentido, podemos decir que el texto afirma que Dios ha creado la historia y que Jesús es el agente de esa creación.

Ya que todo ha sido creado a través del Hijo, queda claro que éste comparte la autoridad de Dios sobre el orden creado. Este es el sentido de la frase «a quien [Dios] constituyó heredero de todo». En el Nuevo Testamento, el verbo «heredar» implica «compartir, participar en, o tomar posesión de». Esto contrasta con el sentido legal moderno del concepto «heredar», que en nuestro idioma significa «tomar posesión de un título o de una propiedad a la muerte del dueño anterior». En otras palabras, en la Epístola a los Hebreos «heredar» resalta la solidaridad entre el Dios Padre y el Dios Hijo. Sin embargo, Jesús no es el único «heredero» en Hebreos. Como veremos en los capítulos 6 y 12, los creyentes también gozan de solidaridad con Dios por medio de la obra redentora de Cristo. Por medio del sacrificio y el ministerio sacerdotal de Jesús, nosotros también podemos participar del nuevo orden de libertad y justicia. En este sentido, podemos afirmar que Hebreos usa el verbo «heredar» como una metáfora para referirse a la salvación.

El v. 3 continúa la descripción de los atributos del Hijo. Este es «el resplandor de su gloria, y la imagen misma de su sustancia, y quien sustenta todas las cosas con la palabra de su poder». Estas afirmaciones resaltan la divinidad del Hijo. La primera comparación asocia la gloria divina con el resplandor de la luz. Por su parte, la palabra «gloria» se refiere a la realidad divina. Como sabemos, los judíos evitaban mencionar el nombre de Dios, protegiéndose así de pecar tomando el nombre de Dios en vano (véase Ex. 20.7; Dt. 5.11). Por eso usaban distintas palabras y frases para referirse a Dios sin mencionar su nombre. Una de estas palabras es «gloria». En Hebreos, el término «gloria» tiene dos usos principales. Por un lado, es una de las características del Hijo, quien ha sido «coronado de gloria» (vea 2.7 y 9; compare con 3.3 y 13.21). Por otro lado, 2.10 afirma que la «gloria» es la meta del peregrinaje cristiano. En este sentido, la meta del desarrollo cristiano es llegar a la presencia de Dios.

La segunda comparación afirma la solidaridad entre el Padre y el Hijo, indicando que Jesús es «la imagen misma de su sustancia». Esta frase contiene términos muy importantes para el desarrollo posterior de la teología sobre la persona de Cristo. En primer lugar, la palabra traducida aquí como «imagen» quiere decir, literalmente, «sello» o «grabado». En sentido figurado, el termino quiere decir «esencia», resaltando así la unidad entre el Padre y el Hijo preexistente de Dios. Segundo, la palabra «sustancia» fue una de las palabras claves en las controversias sobre la doctrina de Jesucristo durante el siglo cuarto de la era cristiana, particularmente en las discusiones que ocurrieron en torno al concilio de Nicea.

La tercera afirmación establece la relación entre Cristo y el mundo creado por Dios. El Hijo es quien «sustenta todas las cosas» por medio de su poderosa palabra. Literalmente, el texto dice que Jesús «lleva» o «carga» el universo. De este modo, el texto transmite una imagen doble, que combina apoyo y movimiento.

El v. 3 concluye indicando que Jesús, «habiendo efectuado la purificación de nuestros pecados por medio de sí mismo, se sentó a la diestra de la Majestad en las alturas». Aquí encontramos por primera vez en el documento el lenguaje sacerdotal que lo caracteriza. La implicaciones del texto son claras. Por un lado, sólo el Sumo Sacerdote podía celebrar el sacrificio necesario para lograr el perdón de los pecados del pueblo. Este sacrificio debía llevarse a cabo durante el día de la purificación (que podemos ver en los calendarios modernos como el «Yom kippur»). Por otro, el sacrificio requería el derramamiento de sangre. Por lo tanto, aun sin usar los términos «Sumo Sacerdote» o «cruz», el texto introduce su tema central.

El prólogo llega a su punto culminante al afirmar que Jesús se ha «sentado a la diestra de la Majestad de Dios en las alturas». El texto afirma que el Hijo ha sido exaltado a una posición de autoridad y honor junto al Padre. Esta es otra manera de decir que el Hijo es igual a Dios y que comparte la totalidad del poder divino. Una vez más, debemos tomar en cuenta las implicaciones del texto. Este versículo evoca el Salmo 110.1: «Jehová dijo a mi Señor: Siéntate a mi diestra, hasta que ponga a tus enemigos por estrado de tus pies». En forma sutil, se introduce un texto que volveremos a encontrar una y otra vez a lo largo del documento. Si en realidad Hebreos es un sermón y no una carta, este versículo introduce la «lectura bíblica» que sirve de base a este «sermón expositivo».

El prólogo termina en el v. 4, afirmando que Jesús es «superior a los ángeles, cuanto heredó más excelente nombre que ellos» (v. 4). De nuevo, el texto insiste en la exaltación de Cristo. La ausencia de referencias a la resurrección es notable en toda la Epístola a los Hebreos: sólo se menciona en 13.20. La ausencia de referencias a la resurrección no quiere decir que Hebreos la niegue, sino que la ve como parte de la exaltación de Cristo.

La palabra «herencia» juega un papel importante en el pensamiento de Hebreos, particularmente en su entendimiento sobre la salvación. Este concepto, que en el Antiguo Testamento describía la «promesa» que recibiría el pueblo, en esta carta se refiere a la promesa de Dios, a la salvación, a la vida eterna y al acceso a la presencia de Dios. El tema de la herencia también está relacionado a otros dos temas importantes en Hebreos: el «descanso» (3.7–4.13) y la «ciudad celestial» (12.18–24).

La última parte del v. 4 vuelve al tema de la herencia, que ha sido discutido anteriormente. También retoma el tema de la superioridad de Cristo. Aquí el punto de comparación es el nombre de Cristo. En las Escrituras, el nombre de una persona no sólo la identifica, sino que también revela su naturaleza o personalidad. En este caso, decir que el nombre de Cristo es superior implica que él mismo es superior a los ángeles.

Sugerencias para la predicación y la vida

El prólogo de Hebreos nos confronta con uno de los temas claves de la fe cristiana: la revelación divina. Acercarnos a este tema nos obliga a tomar una opción. Podemos entender la revelación como un sistema cerrado de verdades que Dios ha dado a conocer, o podemos entender la revelación como la acción de Dios en la historia humana.

La primera alternativa afirma que la fe cristiana es un «sistema de verdades», esto es, un cuerpo de doctrinas que revelan la verdad tanto sobre Dios, como sobre la humanidad y el universo. Dios ha revelado estas verdades en forma «proposicional». El término «proposicional» implica que Dios ha revelado estas ideas teológicas en oraciones completas o «proposiciones». Esto es otra manera de afirmar que la revelación es primordialmente verbal.

Este entendimiento de la revelación conduce necesariamente a una visión particular de las Escrituras. Si la revelación es proposicional, la Biblia es el libro que recoge estas ideas o proposiciones. Por lo tanto, la Biblia es la palabra de Dios porque contiene las «palabras» de Dios. Necesariamente, todo lo que la Biblia dice, ya sea sobre Dios, sobre la creación o sobre la historia del pueblo de Israel es—literalmente— «verdadera verdad». Por lo tanto, las escrituras son «inerrables», es decir, absolutamente libres de inconsistencias teológicas y de «errores» históricos y científicos. Esta doctrina se conoce como la inspiración verbal y plenaria de las Escrituras.

La segunda alternativa afirma que Dios se ha revelado en la historia humana. Primeramente, se ha revelado en la creación y en la historia de Israel. Segundo, se ha revelado en la persona de Jesucristo. Esta revelación no se limita a elementos verbales. Dios se revela por medio de sus actos y de los eventos históricos. De este entendimiento de la revelación se deriva otra forma de ver las Escrituras. La Biblia es el registro de los actos liberadores de Dios. Es «palabra de Dios» porque da testimonio de Jesucristo, quien es la «Palabra» definitiva de Dios para el mundo, como afirma el prólogo del Evangelio según San Juan (Jn. 1.1–12). Esta visión de la doctrina de las Escrituras es mucho más dinámica que la primera. Aquélla concluye que la fe cristiana es un sistema cerrado de doctrinas. Ésta, mientras afirma la verdad de la revelación de Dios en Cristo, se abre a la continua intervención divina en el ámbito humano.

La interpretación del prólogo de Hebreos depende en gran manera de la opción hermenéutica que tome el lector. En este punto deseamos dejar clara nuestra opción. Reconocemos que la revelación ha llegado en forma fragmentada, por partes, o—como dice el prólogo de Hebreos—a distintos lugares, de distintas maneras. La historia no se desarrolla en forma paulatina y constante. ¡Todo lo contrario! Los eventos históricos nos acechan, nos desconciertan, nos sorprenden; la revelación está marcada por los jalones de la historia. Dicho esto, pasemos a examinar los temas que se desprenden de la lectura del prólogo de Hebreos.

En primer lugar, el texto plantea el tema de la presencia de Dios en el mundo. El pasaje afirma que Dios se ha revelado «en distintos lugares y de distintas maneras». ¿A qué lugares y maneras se refiere el texto? Sin lugar a dudas, el prólogo de Hebreos se refiere a la historia de Israel, según aparece en la Biblia Hebrea. Sin embargo, no debemos limitar la presencia de Dios al territorio de Israel. Una de las características del Dios que se revela en las Escrituras es su universalidad. A diferencia de las demás divinidades del mundo antiguo—que por lo regular eran dioses tutelares cuyo poder estaba ligado al territorio nacional—el Dios de Israel se manifiesta en Egipto, en Siria, en Babilonia, «y hasta lo último de la tierra». La universalidad del poder y la autoridad de Dios nos lleva a afirmar que Dios ha estado, está y estará presente en cada rincón del mundo.

Esto tiene importantes implicaciones para la misión cristiana. Por un lado, el texto posibilita el diálogo entre la teología y la cultura. Cada cultura humana tiene elementos que posibilitan y afirman la vida. Nuestra práctica misionera debe respetar y apreciar cada cultura. En lugar de apresurarnos a condenar lo que no entendemos, debemos mantener una actitud de humildad, sabiendo que «en algún lugar y de alguna manera» Dios se ha revelado a cada pueblo y su presencia se ha dejado sentir en el desarrollo de cada cultura. Decir que Dios ha estado ausente de la vida de un pueblo es sencillamente herético.

Por otro lado, el texto nos invita al diálogo con otras confesiones religiosas. Si Dios se ha revelado de diversas maneras a la humanidad, es posible que cada religión tenga destellos de la presencia divina. Tomemos el caso del diálogo teológico con el judaísmo. Hay quien pueda pensar que el prólogo de Hebreos limita las posibilidades del diálogo teológico, ya que la revelación dada en el Antiguo Testamento «a los padres por lo profetas» ha sido superada. Por lo tanto, no hay nada que hablar con el judaísmo. Cristo es la palabra definitiva de Dios; no hay nada que aprender de nadie más en el mundo. Esta «palabra» ha sido literalmente recogida en la Biblia; no hay diálogo posible con las personas que interpretan la Escritura de otra forma. En contraste, visto desde una perspectiva más amplia, el texto posibilita estos diálogos interconfesionales. El texto nos recuerda que Dios ha hablado en muchas partes, en distintos lugares, de muchas maneras. Por lo tanto, debemos estar abiertos a encontrar estos «fragmentos» de la revelación divina en muchas partes, en distintos lugares, de muchas maneras. ¿Acaso la espiritualidad del judaísmo no es uno de esos «lugares» teológicos donde podemos encontrar «fragmentos» de la revelación divina?

Todo esto tiene importantes implicaciones para la teoría y la práctica de la predicación cristiana, tanto a nivel comunitario como a nivel individual. Recordar que Dios nunca ha estado lejos de la comunidad en la cual llevamos a cabo nuestro ministerio le da al mensaje cristiano un tono de solidaridad y respeto que ayuda a la comunicación del Evangelio. Los sermones triunfalistas insultan y humillan a la congregación, levantando barreras entre la persona que predica y la audiencia. Para evitar el triunfalismo es necesario identificarnos con el pueblo de Dios y predicar con humildad, sabiendo que el Dios que se ha revelado de muchas maneras, en diversas culturas, en distintos momentos, continúa revelándose hoy en nuestros medios.

Al nivel individual, quien predica debe recordar que Dios nunca ha estado lejos de la vida de sus oyentes. Este es uno de los puntos principales del sermón que, según Hechos 17.22–34, el Apóstol Pablo predicó en el Areópago de Atenas. El hombre de Tarso presentó el mensaje a personas que nunca habían escuchado el mensaje de Cristo. Sin embargo, Pablo afirmó que los atenienses adoraban a Dios sin saberlo (v. 23), que Dios había hecho a todos los seres humanos de un mismo linaje (v. 26), y que toda la vida humana ocurre ante la presencia de Dios ya que «en él [Dios] vivimos, y nos movemos, y somos» (v. 28). Este tono fraternal debe permear nuestro mensaje. De nada vale acusar a la audiencia de ser incrédula o de haber vivido lejos de Dios. Lo importante es ayudar a cada persona a examinar su vida y a reconocer que Dios siempre ha estado a su lado. Para ilustrar este punto basta con mirar nuestra propia historia. Cada creyente puede testificar que al examinar episodios del pasado puede ver cómo Dios le cuidó, le guardó, le protegió e hizo provisión para sus necesidades. Aun cuando no podíamos o no queríamos reconocerlo, Dios estaba presente en nuestras vidas.

El tema de la presencia de Dios en el mundo puede presentarse en el púlpito de diversas maneras. Es posible desarrollar un sermón sobre la misión de la iglesia que explore las diversas maneras en las cuáles Dios se ha revelado en nuestra cultura. Un buen título para este sermón sería «De muchas maneras». Otro giro interesante del mismo tema es preguntar dónde está revelándose Dios en nuestro mundo. Una vez le pregunté a un grupo de personas en la iglesia que imaginaran dónde estaría el Señor Jesucristo si volviera a ejercer su ministerio terrenal en nuestros días. La mayor parte de ellos ubicó a Jesús en escenarios palestinenses tales como Jerusalén, las riveras del Mar de Galilea o el Monte de los Olivos. Otros lo ubicaron en las grandes capitales del mundo, hablando con líderes políticos y religiosos. Sólo uno de ellos afirmó que imaginaba a Jesús caminando a su lado, por las calles de su barrio pobre. Un sermón sobre este tema podría titularse «En el último lugar del mundo», «¿Dónde está?» o «El misterio de su presencia». Del mismo modo, es posible desarrollar un sermón evangelístico que confronte a la audiencia con el hecho de que Dios siempre ha estado presente en la vida de cada uno de ellos. El propósito del sermón sería ayudar a los oyentes a reinterpretar su propia historia; a comprender que su vida no es producto del azar; a entender que ha sido Dios—no la mera suerte—quien le ha cuidado, guiado y sostenido a través de los años. Un sermón como éste podría titularse «En otros tiempos» o «Nunca ha estado lejos».

En segundo lugar, el prólogo de Hebreos nos lleva a considerar el papel central que ocupa el «Hijo» en el argumento de Hebreos. De hecho, el pasaje puede ser analizado usando las categorías tradicionales que definen el «triple oficio» de Cristo como profeta sacerdote, y rey. Primero, Jesús es el «profeta» por excelencia, a través del cual Dios ha hablado en forma definitiva (v. 2). Segundo, Jesús es el «gran Sumo Sacerdote» que ha «efectuado la purificación de nuestros pecados por medio de sí mismo» (v. 3). Tercero, es el «rey» que «se sentó a la diestra de la majestad en las alturas» (v. 3) y, por lo tanto, es superior a los ángeles. A lo largo del escrito, Hebreos afirmará estos roles tradicionales de Cristo—profeta, sacerdote y rey—y añadirá otros tales como «autor», «consumador», «hermano», etc.

El tema del «Hijo» puede presentarse por lo menos de dos maneras distintas. Por un lado, podemos diseñar un sermón basado en el «triple oficio de Cristo». Este sería un sermón tradicional de tres puntos; uno dedicado a presentar a Jesús como profeta, otro dedicado al oficio sacerdotal y aun otro presentando a Jesús como rey. Por otro lado, podemos usar el prólogo de Hebreos como punto de partida para un sermón que resuma el mensaje de toda la epístola. Este sermón recalcaría la superioridad del Hijo y de su obra salvífica como Sumo Sacerdote.

En tercer lugar, el prólogo de Hebreos nos lleva a considerar el tema de la iniciativa divina. Dios es quien ha hablado «muchas veces y de muchas maneras» (v. 1). Dios es quien ha salido en busca del ser humano para liberarle del poder de las fuerzas del mal y la muerte. Primero por medio de los profetas y ahora por medio del Hijo, Dios está buscando activamente la manera de salvar a la humanidad.

El tema de la iniciativa divina nos lleva a considerar el tema del tiempo de Dios. Según Hebreos, estamos en «estos últimos días» (v. 2), es decir, estamos en el umbral de una nueva era. El Hijo de Dios es el heraldo del reino, es quien anuncia el comienzo de una nueva era donde la autoridad de Dios ha comenzado a manifestarse en forma definitiva. Esto ha ocurrido en el tiempo de Dios; en el momento escogido por Dios.

Estos temas son fértiles para la predicación. El de la iniciativa divina es ideal para la evangelización. Necesitamos afirmar que Dios, en su infinita misericordia, ha dado el primer paso. Este es el corazón del Evangelio: En Cristo, Dios se ha acercado a nosotros. La gente necesita escuchar el mensaje del amor de Dios; necesita oír lo mucho que vale ante los ojos de Dios.

El tema del tiempo de Dios también es pertinente para la vida. El creyente debe aprender a discernir la voluntad de Dios; el momento adecuado para actuar o para esperar. Del mismo modo, los agentes pastorales deben aprender a «leer los tiempos». Hay momentos en los cuales es necesario armarse de valor y proclamar que el momento de Dios ha llegado para actuar. Quizás éste es uno de esos momentos. El momento de Dios ha llegado para dejar atrás la pereza y el quietismo. Nuestro mundo está asediado por las fuerzas de la muerte. La violencia, la criminalidad, el abuso de substancias controladas, el desempleo y la explotación económica matan poco a poco a nuestro pueblo tanto en los barrios latinos de los Estados Unidos como en las grandes ciudades de América latina. Ante esto, la iglesia de Jesucristo debe ponerse en pie para cumplir la misión que Dios le ha encomendado. Este es el momento de Dios para proclamar el mensaje de *Vida* que puede sanar un mundo roto por el pecado.

Finalmente, el prólogo de Hebreos nos lleva a reflexionar sobre la tarea de la predicación y sobre el testimonio cristiano en general. Si el Hijo es la palabra encarnada de Dios y es el «predicador por excelencia» del mensaje divino, queda claro que Jesús es el modelo a seguir para la persona que se dedica a la proclamación del mensaje cristiano. Nuestro ministerio debe estar cimentado tanto en la práctica como en las enseñanzas de Jesús.

Primera sección: La superioridad del Hijo
(1.5–2.18)

L a primera sección del cuerpo de Hebreos trata sobre la superioridad del Hijo de Dios. Esta parte se divide, a su vez, en tres secciones. La primera afirma que el Hijo ha sido coronado como rey (1.5–14). Aquí encontramos una serie de textos de prueba que respaldan las afirmaciones del escrito. La segunda sección exhorta a reconocer la autoridad del Hijo (2.1–4). Esta exhortación es la primera de varias que aparecen en Hebreos. La tercera sección trata de la solidaridad del Hijo con la humanidad, solidaridad alcanzada por medio de su sacrificio en la cruz (2.5–18). Veamos en detalle cada una de las secciones que componen esta primera parte de la Epístola a los Hebreos.

A. El Hijo es coronado rey (1.5–14)

Hebreos 1.5–14 entrelaza dos temas. En primer lugar, el texto habla de la superioridad del Hijo sobre los ángeles. Segundo, afirma que el Hijo de Dios ha sido coronado rey del universo. Este pasaje marca el comienzo del argumento general de la carta. De este modo, sustenta las afirmaciones cristológicas hechas en 1.1–4 y ofrece la base teológica para la advertencia de 2.1–4 y para la exposición de 2.5–18.

Esta sección se distingue por el uso que hace del Antiguo Testamento. El texto está construido en forma de cadena o «florilegio». Es decir, hilvana una serie de textos bíblicos tomados del Antiguo Testamento con el propósito de apoyar su argumento. Otra característica literaria del pasaje es el uso de la «inclusión», ya que comienza y termina usando preguntas retóricas.

En total, el texto cita siete pasajes del Antiguo Testamento. El v. 5 combina palabras del Salmo 2.7 con 2 Samuel 7.14. El v. 6 alude a Deuteronomio 32.43. El v. 7 cita el Salmo 104.4; los vv. 8–9, el Salmo 45.6–7; y los vv. 10–12, el Salmo 102.25–27. La cita más importante del pasaje se encuentra en el v. 13, que alude al Salmo 110.1. Esta cita concluye la exposición. A partir de este punto, el Salmo 110 tendrá un lugar prominente en el desarrollo de Hebreos.

Comentario versículo por versículo

El v. 5 comienza con una pregunta: «Porque ¿a cual de los ángeles dijo Dios jamás?» Esta pregunta retórica equivale a una negación, por eso la versión popular dice «Porque Dios nunca dijo a ningún ángel». La pregunta introduce las citas del Salmo 2.7 y de 2 Samuel 7.14 (compare con 1 Crónicas 17.13): «Mi Hijo eres tú, yo te he engendrado hoy, y otra vez: yo seré a él por Padre, y él me será a mí por hijo.» Las citas están unidas por la frase «otra vez». La función principal de la frase «otra vez» es marcar el comienzo de una nueva cita. Hebreos usa esta palabra con el mismo propósito en 1.6, 2.13, 4.5,7 y 10.30.

En su contexto original, las citas del Salmo 2 y de 2 Samuel 7 se refieren a la coronación del rey de Israel. El Salmo 2 es un himno cuyo propósito es celebrar la «entronización» o ascensión al trono de un nuevo rey. Se cree que este salmo real se remonta a los comienzos de la dinastía davídica y que formaba parte de la ceremonia que se celebraba para consagrar a los reyes de Judá. El v. 7 de este salmo contiene lo que se conoce como «la fórmula de adopción». Por medio de la frase «Mi hijo eres tú, yo te engendré hoy» se declaraba que Dios había «adoptado» al rey y que había delegado autoridad en el monarca. Al mismo tiempo, la fórmula dejaba claro que Dios era el verdadero «rey» de Israel y que, por lo tanto, el monarca era sólo un instrumento de la voluntad divina. Por su parte, 2 Samuel 7 también hace alusión a la ascensión de David al trono de Israel y Judá. Este capítulo contiene un «oráculo» o mensaje profético de Natán para el nuevo rey (vv. 4–17). De acuerdo con este mensaje, Dios «ha adoptado» a David como hijo (v. 14). De este modo, el texto fundamenta la legitimidad de la dinastía davídica. Después de la desaparición de la monarquía, el judaísmo comenzó a interpretar los salmos reales como himnos alegóricos al Mesías.

Por lo tanto, la interpretación mesiánica del Salmo 2 y de 2 Samuel 7 no es nueva. Entre los escritos que arqueólogos encontraron en las cuevas de Qumrán, a las orillas del Mar Muerto, hay un «florilegio» que también usa estos versículos como textos de prueba. La comunidad cristiana usó ampliamente el Salmo 2.7 como clave hermenéutica para interpretar el bautismo y la exaltación de Jesús. El uso cristológico de 2 Samuel 7.14 en el Nuevo Testamento es más limitado. Pablo lo cita en 2 Corintios 6.18, y Apocalipsis en 21.7. Ambos pasajes usan esta referencia con el propósito de afirmar que los creyentes han sido adoptados como hijos de Dios en virtud de su perseverancia en la fe.

En Hebreos, estas citas apoyan el uso del título «Hijo de Dios» en el prólogo. Sin embargo, estas referencias bíblicas presentan una aparente contradicción con otras afirmaciones hechas en los primeros versículos del documento. Los vv. 2 y 3 afirman la preexistencia del Hijo, quien es imagen y sustancia de Dios. Sin embargo, el v. 5 sugiere que el hijo fue «engendrado hoy». En este sentido, parece haber una contradicción entre el prólogo, que afirma la preexistencia del Hijo, y la cadena de textos de prueba, que parecen afirmar que Jesús fue un hombre divinizado en virtud de su fidelidad.

Esta discusión no es nueva. El problema se ve más claramente en Hebreos porque este documento contiene la reflexión cristológica más amplia y sistemática de las Escrituras. En todo caso, el problema no es la palabra «engendrado», ya que los credos más antiguos de la cristiandad afirman que el Dios Padre engendró al Dios Hijo. El problema que plantea este texto es que la palabra «hoy» puede malinterpretarse y ser usada para afirmar que el Hijo no es eterno y que por tanto es un dios inferior. No debemos caer en ese error.

El v. 6 desarrolla la comparación entre el Hijo y los ángeles. El Hijo es identificado aquí como el primer hijo o «primogénito» que Dios ha «presentado» al mundo. Por lo regular, la frase se entiende como una referencia a la encarnación, aunque algunos intérpretes ven alusiones a la exaltación del Señor resucitado o a la segunda venida de Cristo. El término «primogénito» evoca el Antiguo Testamento, donde el primer hijo varón gozaba de una posición especial en la familia. La iglesia primitiva no tardó mucho en identificar a Jesucristo como el primogénito de Dios, afirmando así su posición especial y su autoridad. En este pasaje el término cumple la misma función.

La frase «otra vez» introduce otra cita del Antiguo Testamento: «Adórenle todos los ángeles de Dios.» En este caso, la cita proviene de Deuteronomio 32.43 en la versión griega del Antiguo Testamento, conocida como la Septuaginta (LXX). El texto recalca la subordinación de los ángeles al Hijo. Estos deben postrarse en actitud de adoración ante él.

El v. 7 contiene la cuarta cita de la cadena. Si recordamos que son siete en total, queda claro que ésta es la cita central del pasaje. Por esta razón no debe sorprendernos que es la única que no se refiere directamente al Hijo, sino a los ángeles: «Ciertamente de los ángeles dice: El que hace a sus ángeles espíritus, y a sus ministros llama de fuego.» Esta oscura referencia—que también ha sido tomada de la Septuaginta—proviene del Salmo 104.4 (LXX). La traducción difiere de la versión hebrea que sirve de base a la traducción de los Salmos en nuestras Biblias. En la RVR el texto dice «El que hace a los vientos sus mensajeros, y a las flamas de fuego sus ministros.» Como vemos, en Hebreos las frases están invertidas; la palabra «mensajeros» ha sido traducida por «ángeles»; y la palabra «vientos», como «espíritus». Para interpretar correctamente esta frase debemos recordar su carácter poético. La función de esta cita es recalcar la subordinación de los ángeles al Hijo. Los ángeles están sujetos a la voluntad de Dios. Son seres transitorios y cambiantes—como el viento y el fuego—cuyo fin es servir. Por su parte, el Hijo preexistente de Dios permanece para siempre, ya que es tanto el agente de la creación como el heredero del universo (v. 2). En resumen, los ángeles cambian; el Hijo «es el mismo ayer, hoy y siempre» (13.8).

La frase inicial del v. 8 anuncia dos citas que se refieren al Hijo. La primera procede del Salmo 45.6–7 y se encuentra en los vv. 8–9. El Salmo 45 no es propiamente un himno, sino una canción de amor compuesta para las bodas de un rey de Israel con una princesa de la ciudad fenicia de Tiro. Por ser un salmo real, este cántico también fue interpretado en clave mesiánica. El autor de Hebreos presupone la divinidad de Cristo e interpreta la frase «tu trono, oh Dios, por el siglo del siglo» (v. 8b) como una referencia al reino eterno del Hijo. Una vez más, el contraste entre la transitoriedad de los ángeles y la permanencia del Hijo es evidente.

La segunda parte de la cita describe el carácter del reino del Hijo: «Cetro de equidad es el cetro de tu reino. Has amado la justicia y aborrecido la maldad» (v. 8c y 9a). Su reino se caracteriza por la rectitud y la justicia. El contraste entre el bien y el mal en este texto es evidente. La palabra griega «anomía»—que aquí se traduce como maldad—quiere decir literalmente «ilegalidad, falta de ley». En este sentido, la palabra «maldad» se refiere a actos de injusticia. Por lo tanto, la «justicia» a la cual se refiere el texto no se limita a la justificación individual del creyente. El reino del Hijo es un reino de justicia para todo el pueblo, justicia tanto al nivel individual como colectivo. Justicia que busca eliminar tanto los actos de injusticia como las fuentes del sufrimiento humano.

Las frases finales de la cita presentan al Hijo como el «ungido» de Dios: «Por lo cuál te ungió Dios, el Dios tuyo, con óleo de alegría más que a tus compañeros» (v. 9b). «Ungir» es la acción de frotar o echar a aceite sobre algo. En este caso, se refiere a la tradición de derramar aceite sobre la cabeza del rey al momento de consagrarle como tal. Este acto tiene profundas raíces religiosas, ya que en el Antiguo Testamento el aceite simbolizaba el Espíritu de Dios. El rey no es el único oficial que debía consagrarse con aceite; el Sumo Sacerdote debía ser ungido también. El acto simbolizaba que Dios había escogido a la persona ungida para un ministerio especial. El verbo griego empleado en este versículo para describir la unción del Hijo como rey del universo es «jrío». Este vocablo es la raíz del término «Cristo». En este sentido, esta corta frase logra varios objetivos. Primero, afirma que el Hijo es rey. Segundo, sugiere que es el «ungido» de Dios, el Cristo. Tercero, afirma la preeminencia del Hijo. Cuarto, apunta a la Trinidad, ya que entrelaza referencias al Padre, al Hijo y al Espíritu Santo. Por último, el uso de la palabra «compañeros» anuncia el tema central del capítulo 2: la solidaridad del Hijo con la humanidad.

La segunda cita proviene del Salmo 102.25–28 y se encuentra en los vv. 10–12. Este es un cántico de lamentación individual que probablemente formaba parte de la liturgia. Este detalle explicaría por qué a partir del v. 12 el salmo tiene un matiz comunitario. En su contexto original, el Salmo 102.25–28 afirma que los enemigos, tanto del salmista como de Israel, perecerán. En Hebreos esta cita afirma la majestad divina y la permanencia del reino. El v. 10 dice: «Tú, oh Señor, en el principio fundaste la tierra, y los cielos son obra de tus manos.» Aquí encontramos un ejemplo de «paralelismo sinónimo», es decir, la segunda frase es una paráfrasis de la primera. Ambas frases tienen el mismo significado: El «Señor» es el creador del universo. De este modo, la frase confirma las afirmaciones del prólogo (v. 2) y resalta la superioridad del Hijo sobre los ángeles al presentarle como el creador de «los cielos» donde habitan estos seres espirituales. Esto se ve claramente en los vv. 11 y 12: «Ellos perecerán, más tú permaneces: y todos ellos se envejecerán como una vestidura, y como un vestido los envolverás, y serán mudados; pero tú eres el mismo, y tus años no acabarán.»

El v. 13 presenta la séptima y última cita por medio de una pregunta retórica: «Pues, ¿a cuál de los ángeles dijo Dios jamás?». Aunque en la RVR la pregunta es idéntica a la del v. 5, en griego hay algunas diferencias menores. De todas maneras, el paralelismo forma una clara «inclusión» recalcando así el tema central de la unidad.

La séptima cita ha sido tomada del Salmo 110.1: «Siéntate a mi diestra, hasta que ponga a tus enemigos por estrado de tus pies.» Al igual que el Salmo 2, el 110 es un salmo real de «entronización» que celebra la ascensión al trono de un nuevo rey. Tanto el judaísmo como la comunidad cristiana interpretaron este salmo a la luz de sus expectativas mesiánicas. Por ejemplo, la comunidad de Qumrán identificaba al Mesías con la figura de Melquisedec, que se menciona en el Sal. 110.4. Por su parte, según el Evangelio de Mateo, Jesús se refirió a este salmo en dos ocasiones. La primera fue en ocasión de una discusión con líderes fariseos (Mt. 22.41–45); la segunda, durante su juicio (Mt. 26.64), donde interpretó la referencia a «estar sentado a la mano derecha» de Dios—a la luz de Daniel 7.13—como una alusión a la autoridad concedida al Hijo del Hombre. Esto explica por qué encontramos tantas referencias al Salmo 110 en el Nuevo Testamento (1 Cor. 15.25, Ef. 1.20, Col. 3.1 y 1 Pedro 3.22, entre otras). Hebreos es el escrito que más alusiones tiene a este salmo (1.3, 5.6, 7.17, 7.21, 8.1, 10.12–13 y 12.2). Esto sustenta la afirmación que Hebreos es un sermón basado en el Salmo 110.

El pasaje finaliza en el v. 14 con otra pregunta retórica: «¿No son todos [los ángeles] espíritus ministradores, enviados para servicio a favor de los que serán herederos de la salvación?» La frase «espíritus ministradores» es clave para comprender este versículo. En griego, la palabra «ministradores» es «leitourgiká», de donde viene la palabra española «liturgia». Es la misma palabra que se traduce como «ministros» en el v. 7. En este sentido, el texto afirma que los ángeles tienen una doble función. Por un lado, ejercen funciones cúlticas, adorando a Dios en el santuario celestial. Por otro, están llamados a servir en la tierra a los «herederos de la salvación», es decir, a los creyentes. Esta última frase evoca las referencias al tema de la herencia en el prólogo (vv. 2 y 4) y anuncia el tema de la salvación que se desarrolla en el capítulo 2.

Sugerencias para la predicación y la vida

Aunque de primera intención Hebreos 1.5–14 puede parecer un tanto árido, al acercarnos al texto encontramos varios temas de importancia para la vida cristiana. Veamos, pues, algunos de ellos.

Como hemos visto en la sección anterior, este pasaje afirma la superioridad del Hijo sobre los ángeles. El Hijo es el príncipe del universo mientras que los ángeles son presentados como siervos cuya autoridad está sujeta a la voluntad divina. Al parecer, el texto no dice nada nuevo. En nuestras iglesias, nadie se atrevería a afirmar la superioridad de un ángel sobre Dios. En este sentido, el pasaje afirma una verdad que nadie disputa.

Sin embargo, el texto no es tan «inocente» como parece. En el mundo antiguo la realidad se entrelazaba con lo espiritual y lo misterioso. Los antiguos creían que las instituciones sociales eran regidas por ángeles. El ejército, la realeza y el clero dependían del cuidado de los ángeles para llevar a cabo sus tareas con éxito. En este sentido, eran considerados como instituciones «divinas». Veamos un ejemplo: El capítulo 10 del libro de Daniel narra el encuentro entre un ángel y el profeta. Daniel llevaba 3 semanas ayunando (v. 2) cuando el ángel aparece y se excusa por su tardía respuesta diciendo: «... desde el primer día en que dispusiste tu corazón a entender y a humillarte en la presencia de tu Dios, fueron oídas tus palabras; ...Mas el príncipe del reino de Persia se me opuso durante veintiún días; pero he aquí Miguel, uno de los principales príncipes, vino para ayudarme...» (vv. 12–13). Aquí vemos claramente la dimensión socio-política que tenían estos seres celestiales, de acuerdo con las creencias del mundo antiguo. A la misma vez que el pueblo de Israel estaba cautivo en Babilonia bajo el poder del nuevo imperio Persa (v. 1), el arcangel Miguel—uno de los ángeles «príncipes» de Israel—luchaba contra los ángeles demoníacos del reino de Persia. Es decir, el pasaje presupone que los conflictos socio-políticos tienen dimensiones espirituales.

Otro documento que muestra el desarrollo de las creencias sobre los ángeles es el libro de Tobit. Este es uno de los libros «deuterocanónicos» que se encuentran en ediciones católicas de la Biblia. «Deuterocanónico» quiere decir «del segundo canon». Estos libros fueron escritos originalmente en griego durante el período intertestamentario, es decir, en los siglos inmediatamente anteriores al ministerio de Jesús y a la redacción del Nuevo Testamento. Los mismos fueron incluidos en la antigua versión griega del Antiguo Testamento conocida como la «Traducción de los Setenta» o la «Septuaginta» (LXX). Aunque el judaísmo no los reconoce como libros inspirados, la iglesia cristiana los adoptó como tales y los incluyó en la Vulgata, la versión de la Biblia en latín. La iglesia protestante—siguiendo el canon judío—afirma que los libros deuterocanónicos son lecturas edificantes, pero que no están al nivel de los demás libros de la Biblia que todos los creyentes reconocen como «palabra de Dios».

El libro narra la historia de un hombre llamado Tobit y de su familia. Tobit era un judío que vivía con su esposa Ana y su hijo Tobías en Nínive, la capital de Asiria. El relato presenta a dos personas necesitadas de la intervención divina. Por un lado, encontramos a Tobit quien queda ciego por accidente. Por otro, está una joven llamada Sarra, quien vivía asediada por un demonio llamado Asmodeo que asesinaba a todos sus prometidos en la noche de bodas. Dios contesta sus oraciones enviando al ángel Rafael a curar a Tobit y a liberar a Sarra del malvado demonio (Tb. 3.16). Este relato afirma, pues, tanto la función intercesora del ángel como el poder de los seres enviados por Dios para guiar a las personas justas.

Al afirmar la superioridad del Hijo sobre los «ángeles», la Epístola a los Hebreos plantea preguntas cruciales: ¿Quién tiene el poder en sus manos? ¿Acaso estamos a merced de seres espirituales de nivel intermedio? ¿Acaso las instituciones sociales son sagradas y, por lo tanto, no podemos hacer nada para transformarlas? O, por el contrario, ¿está el poder en manos del Hijo de Dios? ¿Es el Dios de la Vida quien, por medio de su hijo, ha vencido el mal y nos dirige por caminos de justicia?

Al afirmar la superioridad del Hijo, este pasaje nos asegura que el poder está en manos de Dios y de su Hijo. Los creyentes no debemos vivir presos del miedo. ¡Todo lo contrario! Podemos caminar en la seguridad de que el Dios de la vida está con nosotros y podemos andar libres del temor a las entidades espirituales. Esta seguridad tiene implicaciones tanto comunitarias como personales. A nivel comunitario, afirmar la soberanía de Dios sobre las instituciones «angélicas» y humanas implica que podemos criticarlas y, de ser posible, transformarlas en el nombre del Señor Jesucristo. El creyente puede criticar las instituciones sociales a la luz de los valores del reino de Dios. Es decir, debemos apoyar las instituciones que afirman la vida, el bien, la justicia, la liberación y el desarrollo integral del ser humano. Del mismo modo, debemos rechazar aquéllas que usan la violencia y la opresión para lograr sus medios; debemos combatir las fuerzas de la muerte que promueven la injusticia e impiden el desarrollo humano.

Ejemplo de esto es el ministerio de los profetas del Antiguo Testamento quienes, inspirados por Dios, supieron apoyar a los reyes justos y criticar a los que practicaban la maldad. La palabra profética no se quedaba al nivel de la mera crítica sino que buscaba la «conversión», es decir, la transformación tanto de las personas como de las instituciones que violentaban la voluntad divina. La iglesia debe aprender a valorar el ministerio profético que Dios ha puesto en sus manos. Cuando la iglesia guarda silencio ante la injusticia se hace cómplice de las fuerzas del mal.

Afirmar la soberanía de Dios sobre las entidades espirituales también tiene implicaciones personales. La más importante es la liberación del miedo. Hay creyentes que se sienten asediados por fuerzas demoníacas; piensan que espíritus malignos los persiguen a cada paso. Por eso usan motivos u objetos religiosos a manera de amuleto o talismán. Todavía recuerdo una práctica particular que tenía mi abuelita. Ella siempre tenía su radio sintonizado en una emisora religiosa. Como la emisora transmitía su señal las veinticuatro horas, ella nunca apagaba la radio. Un día le pregunté por qué mantenía la radio encendida aunque nadie la estuviera escuchando. Entonces me contestó que la predicación de la palabra de Dios «santificaba la casa y alejaba los demonios». Desgraciadamente, muchas personas comparten estas ideas. Algunas siempre andan con una Biblia o la dejan en casa abierta en el Salmo 23. Otras llevan medallitas prendidas a su ropa, usan rosarios a manera de collar o tienen imágenes de santos en sus hogares. Todas están buscando «protección» de las entidades espirituales; todas necesitan escuchar el mensaje de Hebreos.

El tema de la superioridad del Hijo puede ser muy fructífero para la predicación. Podemos diseñar sermones que nos ayuden en la evangelización, afirmando la soberanía de Dios sobre el mundo. También podemos diseñar sermones doctrinales que afirmen la superioridad del Hijo y, por lo tanto, del mensaje del Evangelio. Otra manera de abordar el texto es desde la perspectiva profética, afirmando la soberanía de Dios sobre las instituciones humanas y llamando a la práctica de la justicia. Por último, tenemos la perspectiva pastoral, donde el texto nos sirve de base para llamar a la audiencia a confiar en el Dios que ha vencido las entidades del mal.

Otra función que desempeñan los ángeles en la Escritura es ser «mensajeros» del Señor y «mediadores» entre Dios y la humanidad. En este sentido, este pasaje afirma la superioridad del Hijo sobre todos los «mensajeros». El Hijo, quien es la palabra definitiva de Dios (1.1–2), es mayor que quienes han comunicado, comunican y comunicarán el mensaje del Evangelio. Aquí podemos recordar las palabras de 1 Timoteo 2.5: «Porque hay un solo Dios, y un solo mediador entre Dios y los hombres, Jesucristo hombre».

Este mensaje es también pertinente para nuestro pueblo hispano y latinoamericano. Hay muchos falsos «mediadores» que buscan ganar la confianza de nuestro pueblo. Estos se auto-proclaman como personas con conocimientos y poderes superiores que pueden descifrar el futuro y así ayudar a la gente a alcanzar la felicidad. De hecho, en los últimos años la predicción del futuro se ha convertido en un negocio millonario. Hay personas tan desesperadas que están dispuestas a contarle sus más íntimos problemas a un perfecto desconocido, esperando escuchar una palabra de esperanza.

Desgraciadamente, también se encuentran falsos mediadores dentro de la iglesia. Estos se dedican a vender falsas esperanzas, destruyendo el corazón y robándole el dinero a creyentes confiados. Algunos casos han tenido repercusiones internacionales, y los líderes de estos ministerios fallidos han terminado cumpliendo penas de cárcel o hasta suicidándose.

¿Cómo puede la iglesia desenmascarar a estos impostores? Es una tarea difícil, pero podemos comenzarla considerando dos puntos. Primero, es importante recalcar el papel que juega la educación cristiana en la vida de la iglesia. Los falsos mediadores dependen de la ignorancia de sus víctimas. Si la iglesia cumple su tarea educativa de manera efectiva, el pueblo estará más capacitado para identificar y rechazar a los falsos profetas. Segundo, hay que recalcar la importancia de la integridad en la vida ministerial. La mayor parte de los charlatanes que viven del engaño son ministros que se dejaron seducir por la sed de dinero y por el hambre de poder. Ningún cristiano está exento de estas tentaciones.

B. Exhortación a reconocer la autoridad del Hijo (2.1–4)

La primera exhortación de Hebreos se encuentra en los cuatro versículos iniciales del capítulo 2. Esta exhortación llama a reconocer la autoridad del Hijo quien, como hemos visto en las secciones anteriores, es el agente de la creación y el príncipe del universo. El pasaje continúa la comparación entre Cristo y los ángeles, aunque cambia la metodología y el foco de la discusión. De esta manera, el texto sirve de transición para entrar en el argumento que aparece en 2.5–18 donde se recalca la majestad del Hijo y se afirma que, en virtud de su solidaridad con la humanidad, los seres humanos ahora tenemos acceso a la presencia de Dios.

Esta exhortación presenta el mismo estilo literario de las secciones anteriores. La primera oración (v. 1) traduce varias palabras griegas que se pronuncia de manera parecida. Esta característica literaria se conoce como «aliteración». Los vv. 2–4 forman una sola oración en griego. Estos comparan la ley del Antiguo Testamento con el mensaje cristiano. La estructura literaria de este texto puede ser delineada de la siguiente manera:

La ley (v. 2):	El mensaje cristiano (vv. 3b–4)
Dicha (por Dios)	Anunciada por el Señor
A través de los ángeles	Confirmada por los que oyeron
Su violación era castigada	Testificada por Dios

Comentario versículo por versículo

El mensaje central de la comparación se resume en la pregunta retórica que se encuentra en la primera parte del v. 3. Los creyentes que descuiden el mensaje del Hijo—que es superior a la revelación dada a través de los ángeles—también recibirán su justo castigo.

El v. 1 comienza con la frase «por tanto». Esta frase aparece en dos ocasiones en la Epístola a los Hebreos. Aquí presenta la primera exhortación del escrito. En el 9.15 presenta una de las conclusiones centrales de la carta: que Jesús es el mediador de un nuevo pacto.

El v. 1 presenta una advertencia solemne: «Por tanto, es necesario que con más diligencia atendamos a las cosas que hemos oído, no sea que nos deslicemos». La frase «por tanto» apunta a la discusión desarrollada en el capítulo 1. Jesús es el Hijo preexistente por medio del cual Dios ha hablado (vv. 1–3). Estas son razones suficientes para prestar atención al mensaje proclamado a través de él. Si no prestamos atención a su mensaje, corremos el peligro de «deslizarnos». El verbo deslizarse puede ser entendido aquí en sentido figurado como irse a la deriva y sería una imagen náutica. La persona que no escucha el mensaje del Hijo es como un barco que se pierde en el mar llevado por la resaca. Las traducciones modernas de la Biblia tratan de recoger esta imagen con distintas frases. La versión popular dice «para que no nos apartemos del camino»; la Biblia de Jerusalén , «no nos extraviemos»; y la Latinoamericana, «no sea que marchemos a la deriva». En todo caso, el creyente no debe dejarse «llevar por la corriente»; sino perseverar en el mensaje aprendido.

Una vez más debemos notar el énfasis que presta Hebreos al discurso divino. El mensaje cristiano se caracteriza en el v. 1 como «las cosas que hemos oído». De este modo, el tratado continúa recalcando la importancia de escuchar y obedecer la palabra de Dios.

El v. 2 dice: «Porque si la palabra dicha por medio de los ángeles fue firme, y toda transgresión y desobediencia recibió justa retribución». Para entender esta oscura frase es necesario conocer una antigua tradición Hebrea. Aunque el Antiguo Testamento afirma que la ley fue dada a Moisés directamente por Dios (véase Éxodo 20.1), la tradición judía eventualmente llegó a la conclusión de que los ángeles que se encontraban en Sinaí fueron los intermediarios a través de los cuales Dios entregó la ley al pueblo. La iglesia cristiana se apropió de esta tradición, como podemos ver en Gálatas 3.19. Una vez aclarado este punto, la comparación es clara. El texto contrapone el mensaje dado por los ángeles—la Ley—al mensaje proclamado por medio del Hijo. En este sentido, encontramos un argumento «de menor a mayor». El texto afirma que si Dios castigó a las personas que desobedecieron la ley entregada por los ángeles, cuánto más no castigará a aquellos que desobedezcan el mensaje proclamado por el Hijo. Explicado este texto, podemos comprender la importancia de la discusión desarrollada en 1.4–14. Al establecer la superioridad del Hijo, el autor de Hebreos afirma la superioridad del mensaje cristiano.

El v. 2 desarrolla su argumento usando lenguaje formal y solemne. La palabra traducida como «firme» (en griego «bébaios») es un término legal. Implica que la palabra dicha por Dios es «válida» legalmente y que los oyentes tienen la obligación de obedecerla. Los términos «transgresión y desobediencia» caracterizan la violación de la ley. Estos términos tienen significados muy parecidos. Si hay diferencia entre ellos, podemos compararla con la diferencia que tradicionalmente se hace entre los pecados de comisión y los de omisión. La palabra griega «parábasis» quiere decir literalmente «dar un paso más allá» de lo permitido. Por su parte, el término, «parakoé» significa desobedecer, hacer caso omiso, no escuchar. Por lo tanto, el primer término apunta a un pecado que se comete, y el segundo a una falta causada por la inacción.

La parte final de v. 2 afirma que las personas que violaron la Ley recibieron su «justa retribución». Esta frase está compuesta por dos palabras poco frecuentes en el Nuevo Testamento. La palabra «éndikos» es otro término legal que sólo aparece aquí y en Romanos 3.8. En ambos casos se refiere al castigo justo o apropiado para una transgresión. La segunda palabra le da un toque de ironía al pasaje, ya que «misthapodosían» quiere decir «recompensa». El término sólo aparece tres veces en el Nuevo Testamento, todas ellas en Hebreos (2.2, 10.35 y 11.26). Sólo en este versículo tiene sentido negativo. En las otras ocasiones se refiere a la recompensa que les espera a los creyentes que permanezcan fieles a Dios.

La primera parte del v. 3, desarrolla las consecuencias lógicas del argumento comenzado en v. 2 por medio de una pregunta retórica: «¿Cómo escaparemos nosotros, si descuidamos una salvación tan grande?». Esta es la afirmación más importante de todo el pasaje. Si las personas que desobedecieron el mensaje trasmitido por los ángeles fueron castigadas, ¿cuanto más no serán castigados los creyentes que menosprecien el mensaje superior proclamado por el Hijo? Ésta no es la última vez que Hebreos desarrollará esta idea. La misma se encuentra en otras exhortaciones del escrito. En 10.28–29, encontramos otro argumento de menor a mayor donde se recalca que la persona que pisotee al Hijo de Dios será castigada al igual que la persona que viola la ley de Moisés. En 12.25 el texto nos recuerda que si las personas que desecharon la palabra de Moisés en el Sinaí no escaparon del juicio, «mucho menos nosotros» que hemos escuchado el mensaje del Hijo.

Esta exhortación no detalla los castigos que puede esperar quien abandona la fe. El lector tendrá que esperar a las exhortaciones de los capítulos 6 y 10 para encontrar tales juicios. Aun allí, el texto sólo ofrece imágenes vagas del juicio divino, usando lenguaje apocalíptico. De todos modos, la respuesta a la pregunta retórica es clara: no hay escape para la persona que niega el mensaje superior del Hijo.

El resto del pasaje se dedica a describir la «salvación tan grande» que hemos recibido por medio del Hijo. La primera parte del v. 3 dice: «la cual, habiendo sido anunciada primeramente por el Señor, nos fue confirmada por los que oyeron». El texto afirma que la salvación fue recibida y anunciada originalmente por el «Señor» Jesucristo. El autor de Hebreos no duda en aplicar a Cristo este título que el Antiguo Testamento reserva para Dios (vea 1.10). La palabra ha sido «anunciada»; literalmente, «hablada». Así Hebreos continúa recalcando el aspecto dialogado de la revelación. La palabra traducida aquí como «confirmada» proviene de la misma raíz que la palabra «firme». Por lo tanto, el texto subraya la validez del mensaje y afirma la obligación que tienen los creyentes de cumplirlo.

El versículo 4 continúa la descripción del mensaje de salvación: «testificando Dios juntamente con ellos, con señales y prodigios y diversos milagros y repartimiento del Espíritu Santo según su voluntad». El texto afirma que Dios ha «testificado» la verdad del mensaje. Esto lo ha hecho por medio de cuatro actos divinos: señales, prodigios, milagros, y la distribución del Espíritu Santo. El texto tiene una clara intención apologética, es decir, intenta defender la fe cristiana. Dios mismo ha validado el mensaje cristiano. El pasaje termina afirmando que todo esto Dios lo ha hecho conforme a su divina voluntad.

Sugerencias para la predicación y la vida

En la introducción a la epístola afirmé que, más que una carta, Hebreos es un sermón. Hebreos 2.1–4 apoya esta idea. El pasaje combina la exhortación pastoral con una advertencia solemne. Por un lado, el autor expresa su preocupación por la condición de la comunidad cristiana a la cual se dirige el texto. A la misma vez, les advierte sobre las consecuencias funestas de negar la fe. Aunque en este punto el autor no da mayores detalles sobre la condición de los destinatarios, queda claro que estaban pasando por una profunda crisis espiritual. De otro modo, el autor no hubiese dedicado tanto tiempo a exhortarles a mantenerse firmes.

Quienes predicamos regularmente podemos aprender mucho del estilo homilético de hebreos. En primer lugar, el autor comienza su «sermón» afirmando puntos principales de la fe. Segundo, la reflexión doctrinal se basa en una sólida exposición de las Escrituras. Tercero, el argumento está hilvanado de tal manera que cada punto apoya el otro en forma progresiva, facilitando así el desarrollo del «sermón». Cuarto, los puntos doctrinales tienen consecuencias importantes para la práctica de la fe. El autor no pierde tiempo en detalles sin importancia. Las exhortaciones tratan temas pertinentes para la vida de la audiencia. Por último, tanto la exposición doctrinal como la exhortación pastoral revelan que el predicador conocía de cerca a sus oyentes y se preocupaba por su bienestar.

La forma de predicar del autor de Hebreos contrasta con el estilo de muchos predicadores contemporáneos. Desgraciadamente, hay predicadores cuyos sermones carecen de profundidad teológica y de pertinencia. Se conforman con predicar sermones tan superficiales que dejan a la congregación hambrienta. Otros se preocupan más por entretener a la gente que por exponer la Palabra de Dios.

La Epístola a los Hebreos brinda un gran ejemplo de buena teología pastoral. Después de haber reflexionado sobre la condición de su congregación, el autor desarrolla ideas teológicas que tienen consecuencias prácticas para la vida y el testimonio. Este es un proceso de acción y reflexión. Es reflexión sobre la práctica de la fe. Podemos comparar este proceso con el método teológico llamado «ver, pensar y actuar» que utiliza la teología latinoamericana. «Ver» se refiere al análisis de la situación actual del pueblo; «pensar» se refiere a la interpretación bíblica y a la reflexión teológica que nos permite redescribir el mensaje evangélico y encontrar nuevas perspectivas para la vida; «actuar» se refiere a la práctica que traduce nuestra teología en acciones concretas a favor de los demás. Hebreos se caracteriza por ser una preocupación por la práctica efectiva de la fe; preocupación que comparte la teología latinoamericana actual.

Después de esta nota sobre la predicación, pasemos a considerar los temas que nos presenta este pasaje para nuestra propia vida. Hebreos 2.1–4 exhorta a los oyentes a mantenerse firmes en la fe. Todo indica que los destinatarios estaban pasando por una crisis espiritual que poco a poco les llevaba a abandonar la fe. El texto utiliza la imagen de un barco que se va a la deriva. Al principio, el barco está tan cerca del muelle que nadie le presta atención. Con su movimiento, la resaca lo aleja, hasta que se pierde en el mar. Del mismo modo, los creyentes que caen en crisis de fe van alejándose poco a poco de Dios. Comienzan a faltar a la iglesia, no sacan tiempo para leer la Biblia, y su vida de oración carece de disciplina. Cuando abren los ojos, se encuentran desconectados de la comunidad cristiana y debilitados en la fe.

En ocasiones, este proceso de deterioro espiritual tiene razones externas. Por ejemplo, muchos creyentes en el mundo antiguo sufrieron mucho por su fe. Todos hemos oído de las persecuciones que el gobierno romano emprendió contra la iglesia primitiva. Sin embargo, no somos conscientes de la opresión que los cristianos sufrían diariamente. No podían llevar sus niños a la escuela, donde los maestros enseñaban a los alumnos a adorar a los dioses grecorromanos. No podían formar parte de los gremios, pues éstos participaban regularmente en el culto a los dioses y al emperador romano. No podían ir al hospital, que era el templo a Esculapio, el semi-dios de la medicina. A todas luces, los destinatarios de la Epístola a los Hebreos estaban pasando por una crisis de fe provocada por la situación de opresión constante que sufría la minoría cristiana en el Imperio Romano.

No podemos negar que muchas personas hoy día experimentan situaciones de opresión y angustia. Basta recordar a los mártires de las iglesias centroamericanas que murieron durante la década de 1980 en las guerras fraticidas que sacudieron el sub-continente. Creyentes tanto católicos como protestantes y pentecostales fueron el blanco de sospechas, en algunas ocasiones de los movimientos revolucionarios y en otras de los gobiernos. Los sufrimientos de la iglesia en América Central nos recuerdan que, en ocasiones, hay fuerzas externas que prueban nuestra fidelidad a Dios.

Sin embargo, la mayor parte de las personas que experimentan crisis espirituales hoy no ven su fe amenazada por fuerzas externas. Por el contrario, el deterioro espiritual de estas personas se debe a condiciones internas, tales como la pereza, la falta de compromiso y el orgullo espiritual. Recuerdo el caso de un joven que salió de paseo con un grupo de su iglesia. Pasando por una zona agrícola, el grupo se detuvo cerca de lo que parecía ser un lago. El joven decidió darse un chapuzón y se lanzó a cruzar el agua. Pronto sus habilidades atléticas se vieron desafiadas por una corriente subterránea. Sin saberlo, el joven estaba nadando en un abrevadero para ganado que estaba conectado con el sistema de irrigación de la plantación por un túnel subterráneo. Cansado de nadar, el joven se ahogó ante los ojos de sus asombrados compañeros.

Del mismo modo, hay personas que—confiando en sus habilidades, se lanzan a «nadar en aguas profundas» donde encuentran problemas que les alejan de la fe. Algunos piensan que son tan fuertes que nunca cederán ante las tentaciones. Otros coquetean con el pecado pensando que podrán poner freno a sus impulsos en el momento preciso. Casi siempre, como el joven de la historia, pierden su batalla contra la corriente.

Estas reflexiones pueden darnos terreno fértil para reflexionar sobre el valor de la salvación y sobre la importancia de mantenernos firme en la fe. Por ejemplo, podemos predicar un sermón de tres puntos llamado «Una salvación tan grande». Los puntos podrían ser los siguientes: «El valor de la salvación», «El peligro de descuidar la salvación» y «Un llamado a la vigilancia constante». Otro tipo de sermón podría comparar las razones internas para flaquear en la fe con las razones externas. Un sermón como este debe llamar a la feligresía a dejar a un lado las excusas y a enfrentar las consecuencias de nuestra fe tal y como los grandes héroes de la fe lo hicieron en pasado.

C. La solidaridad del Hijo con la humanidad (2.5–18)

Hebreos 2.5–18 retoma el argumento del capítulo 1. Estos versículos revelan el tema central del documento. El Hijo de Dios—que se encarnó y se hizo semejante a nosotros en todos los aspectos—es nuestro Sumo Sacerdote, en cuya misericordia y fidelidad podemos apoyarnos.

La unidad tiene varios puntos en común con 1.1–14. En primer lugar, ambas exponen enseñanza doctrinal. Segundo, apoyan sus enseñanzas en textos del Antiguo Testamento. Tercero, contrastan la posición del Hijo con la de los ángeles con el propósito de afirmar la superioridad de Cristo. Cuarto, a pesar del contraste, el argumento se centra en la persona de Jesucristo. Esto no quiere decir que ambas unidades dicen lo mismo. En 2.5–18 el autor introduce el tema de la encarnación con el propósito de afirmar la solidaridad del Hijo con la humanidad. Como veremos más adelante, este tema es uno de los puntos centrales en los cuales se apoya el argumento de Hebreos. En este sentido, 2.5–18 es un texto crucial en el desarrollo de Hebreos.

En este pasaje encontramos otra inclusión. La frase «no... a los ángeles» aparece tanto en el v. 5 como en el v. 16. De esta manera el autor delimita el principio y el fin de la unidad. Los vv. 17 y 18 completan el sentido del texto, resumen la discusión, anuncian el tema del sumo sacerdocio de Cristo y sirven como transición al tema de la tentación en el desierto. El pasaje también hace uso extenso del Antiguo Testamento. Los vv. 6–8a contienen una cita del Salmo 8.4–6. El v. 12 alude al Salmo 22.22. El v. 13 contiene citas de Isaías 8.17 y 17.

Comentario versículo por versículo

Después de la breve exhortación de 2.1–4, Hebreos vuelve al tema en el v. 5: «Porque no sujetó a los ángeles en el mundo venidero, acerca del cual estamos hablando». El texto griego marca claramente la transición por medio de la conjunción griega «gár». Esta partícula, que puede omitirse, tal como lo hacen las traducciones al español, indica que lo subsiguiente es la continuación o el resultado de las ideas presentadas anteriormente. De todos modos, queda claro que 2.5–18 es la continuación de 1.1–14.

El texto afirma que los ángeles no han de gobernar el «mundo venidero». Para interpretar correctamente este versículo, es necesario reconocer su trasfondo apocalíptico. Por un lado, la frase «mundo venidero» se refiere al establecimiento del reino de Dios en la consumación de los tiempos. Por otro lado, los judíos entendían que una de las funciones principales de los ángeles era gobernar la tierra. Cada reino era protegido por un ángel. Cuando las naciones guerreaban, los ángeles de las naciones involucradas en el conflicto luchaban también. Ya estudiamos este punto en la sección sobre Hebreos 1.4–14.

El autor apoya sus ideas con una cita del Salmo 8.4–6. La misma se presenta de manera solemne, como el testimonio hablado de un personaje indeterminado: «Pero alguien testificó en cierto lugar, diciendo» (v. 6a). Como hemos visto anteriormente, Hebreos supone que el Antiguo Testamento es un registro fiel del discurso divino y que Dios (1.5), Jesús (2.12) o el Espíritu Santo (3.7) son los que «dicen» las palabras allí escritas. La ambigüedad de la presentación de esta cita rompe el patrón. Quizás esta forma de introducir citas de la Escritura era una práctica literaria aceptada, pues en los escritos de Filón de Alejandría y en 1 Clemente 15.2 se encuentran fórmulas introductorias similares.

La cita se extiende desde el final del v. 6 hasta el comienzo del v. 8. Comienza con preguntas paralelas sobre el valor del ser humano ante Dios. Es importante tener en cuenta la estructura y el lenguaje poético del texto. La pregunta central del versículo es «¿qué es el hombre?». Por un lado, la palabra «hombre» (en griego, «ántrôpos») es un término inclusivo que se refiere tanto al hombre como a la mujer. Por lo tanto, el texto es una reflexión sobre el valor de los seres humanos en general, no del varón en específico. Sería mejor traducirlo como «¿qué es el ser humano?». Por otro lado, la frase «hijo del hombre» está colocada en forma paralela a «hombre». Por lo tanto, tiene el mismo significado. Hebreos no usa esta frase—que sólo aparece aquí en toda la carta—como un título cristológico.

Los vv. 7–8a responden a la pregunta diciendo: «Le hiciste poco menor que los ángeles, le coronaste de gloria y honra, y le pusiste sobre las obras de tus manos; todo lo sujetaste bajo sus pies». Una vez más, el autor de Hebreos cita la Septuaginta (LXX), la versión griega del Antiguo Testamento. Ésta difiere del texto hebreo en dos detalles muy importantes. Primero, el texto griego afirma que el ser humano es poco menor que los «ángeles» mientras que la frase hebrea dice que es menor que los «elohim». Esta palabra es el plural de «el», un antiguo término cananeo para referirse a los dioses. Las Escrituras hebreas usan este término en dos formas distintas. Por un lado, se usa para referirse a Dios. Por otro, puede referirse a las divinidades menores de los pueblos cananeos o a otros seres espirituales. El Salmo 5 emplea la palabra en este sentido. Por lo tanto, la Septuaginta comunica muy bien el sentido del texto: aunque el ser humano es un tanto inferior a los «seres espirituales», Dios le ha honrado colocándole como mayordomo de la creación. En este sentido, el texto evoca Génesis 1.28–30 y 2.15–19.

El segundo detalle, en que las dos versiones difieren, es en el uso de la frase «un poco menor». El texto griego puede ser traducido con un giro temporal como: «por poco tiempo... fue hecho menor que los ángeles». Este pasaje afirma que el ser humano fue hecho menor que los ángeles por un tiempo definido y que al fin de los tiempos será exaltado sobre los seres espirituales para gobernar las naciones juntamente con el Señor.

La frase final de la cita dice: «Todo lo sujetaste bajo sus pies» (v. 8a). Esto presenta un problema de interpretación: ¿a quién se refiere la cita, a Cristo o a la humanidad? La mayor parte de los comentaristas entienden que 2.6–8 se refiere al género humano y que el argumento del texto es el siguiente:

1. ¿Cuál es el lugar del ser humano en la creación? (v.6).
2. Es un ser poco menor a los seres espirituales (v. 7a).
3. Pero Dios le exaltará a una posición de autoridad (vv. 7b–8a).

El nudo del argumento se encuentra en el resto del v. 8: «Porque en cuanto le sujetó todas las cosas, nada dejó que no sea sujeto a él; pero todavía no vemos que todas las cosas le sean sujetas.» Este verso define el dilema con claridad: ¿Por qué el ser humano no ocupa la posición de autoridad a la cual está llamado? ¿Por qué no vemos «todas las cosas sujetas» a la humanidad?

La respuesta se encuentra en la persona y en la obra salvífica de Jesucristo: «Pero vemos a aquel que fue hecho poco menor que los ángeles, a Jesús, coronado de gloria y de honra, a causa del padecimiento de la muerte, para que por la gracia de Dios gustase la muerte por todos.» (v. 9). El autor de Hebreos entiende que la profecía del Salmo 8 se ha cumplido en Jesús. El texto afirma que, por medio de la encarnación, el Hijo preexistente de Dios se hizo poco menor que los ángeles por un breve espacio de tiempo para ser exaltado después de ser «coronado» en la cruz. En este sentido, el mensaje de este capítulo sería semejante al himno cristológico que se encuentra en Filipenses 2.5–11: El hijo, «no estimó el ser igual a Dios» y «se despojó a si mismo, tomando forma de siervo, hecho semejante a los hombres» por lo cual «Dios le exaltó hasta lo sumo».

Ahora bien, el mensaje de Hebreos va aún más lejos. Aquí la exaltación de Jesús implica la exaltación de la humanidad. Por medio de su solidaridad con el ser humano, Jesús ha abierto el camino por medio del cual podemos alcanzar la glorificación prometida en el Salmo. Lo novedoso del mensaje de Hebreos se encuentra en el v. 10: «Porque convenía a aquel por cuya causa son todas las cosas, y por quien todas las cosas subsisten, que habiendo de llevar muchos hijos a la gloria, perfeccionase por aflicciones al autor de la salvación de ellos». La frase inicial del versículo es la traducción de un verbo griego que implica que algo pertenece a, que está ligado a la naturaleza de o que es característico de algo. El versículo contiene varios pronombres relativos que nos indican el sujeto de la oración. En este caso el sujeto es «aquel» que causa y organiza el universo. Ese creador es el Dios y Padre de Jesucristo. La frase «todas las cosas» es un término colectivo que se refiere al cosmos o al universo. La meta hacia la cual se dirige el Hijo de Dios es «la gloria», es decir, la salvación entendida como la glorificación del creyente. En este versículo encontramos uno de los títulos cristológicos que sólo aparecen en la Epístola a los Hebreos: «autor». Esta palabra—que también aparece en 12.1—puede ser traducida como «capitán», «líder» o «príncipe». Literalmente, quiere decir «el primero que realiza una acción». El término se utiliza en la LXX (Lv. 21.10) en referencia a la consagración del Sumo Sacerdote. El versículo termina con una interesante frase: «perfeccionase por aflicciones al autor de la salvación de ellos». La palabra «perfeccionar» tiene aquí el sentido de llevar a la plenitud del carácter, de consumar, de llevar a la madurez.

El medio a través del cual el Hijo ha sido capacitado para poder llevar a cabo la salvación es su solidaridad con los sufrimientos de la humanidad. Esto es una clara referencia al evento de la cruz (compare con v. 14). En este sentido, los sufrimientos son vistos como un medio de purificación.

El v. 11 ofrece una importante declaración sobre la unidad del hijo con la humanidad: «Porque el que santifica y los que son santificados, de uno son todos; por lo cual no se avergüenzan de llamarlos hermanos». El texto afirma que tanto el Hijo como los creyentes pertenecen a Dios. Por medio de su muerte, Dios ha santificado al Hijo, quien ahora puede santificar a los que creen en él. De aquí se deriva una maravillosa conclusión: los creyentes ahora son «hermanos» de Jesucristo. Los creyentes han sido santificados, y ahora forman parte de la familia de Dios.

Los vv. 12–13 ofrecen varios textos de prueba que apoyan las afirmaciones del pasaje. La primera cita proviene del Salmo 22.23: «Anunciaré a mis hermanos tu nombre; en medio de la congregación te alabaré». En griego, la palabra «congregación» es la misma que usualmente se traduce como «iglesia». El autor de Hebreos aprovecha este término para afirmar mediante un juego de palabras que Jesús ha denominado como «hermanos» a las personas que ahora forman parte de la iglesia.

El v. 13 vuelve a utilizar la frase «de nuevo» para introducir el resto de las citas del Antiguo Testamento. La frase aparece dos veces en el pasaje, traducida primero como «otra vez» y después como «de nuevo». En la segunda parte del versículo 13, que originalmente se refería a Isaías y a sus hijos, la frase «yo y los hijos» se refiere a Cristo y a la comunidad de fe.

En el v. 14 comienzan las afirmaciones cristológicas más profundas del pasaje: «así que, por cuanto los hijos participaron de carne y sangre, él también participó de lo mismo para destruir por medio de la muerte al que tenía el imperio de la muerte, esto es, al diablo». La frase «carne y sangre» implica una contraposición entre la esfera humana y la divina. Este versículo afirma de forma categórica la encarnación de Jesús. La humanidad del Hijo es real. No era un fantasma ni un semi-dios. ¡Todo lo contrario! En verdad era un ser humano pues «participó de lo mismo» (la carne y la sangre) que los «hijos». El autor de Hebreos presenta la humanidad de Jesús como el principio básico de la salvación. En el Hijo, Dios se revela como un ser personal que comprende el sufrimiento del pueblo y se identifica con él.

Jesús logra la santificación de los suyos por medio de su muerte. Este es el evento decisivo que abre la posibilidad de salvación. Para que la salvación pueda ser efectiva, es necesario «destruir» el imperio de la muerte. El verbo «destruir» implica que algo se condena a la inactividad y, por lo tanto, queda sin efectividad y sin jurisdicción. La parte final del v. 14 contrasta la vida y la muerte. La esfera de la muerte es gobernada por el diablo. De aquí se deriva necesariamente que la esfera de la vida pertenece a Dios. Todo aquello que niega la vida es diabólico. Todo aquello que destruye al ser humano es anticristiano. En Cristo tenemos la revelación del Dios que ama y afirma la vida. Dios desea edificarnos y llevarnos al pleno disfrute de su gloria. Jesús es quien por medio de su muerte rescata, redime, purifica y libera a la humanidad.

El v. 15 afirma que la consecuencia directa de la obra salvífica del Hijo es la liberación de la humanidad: «y librar a todos los que por el temor de la muerte estaban durante toda la vida sujetos a servidumbre». La victoria de Cristo sobre las fuerzas de la muerte tiene consecuencias prácticas. Al nivel personal, libera al ser humano de la ansiedad que produce el temor a la muerte. El creyente puede sentirse libre ya que el imperio del anticristo ya no tiene poder sobre él. Sin embargo, esta liberación del poder demoníaco, de las fuerzas que matan y destruyen la humanidad, también tiene consecuencias comunitarias. La humanidad ha sido liberada de la servidumbre a las fuerzas del mal. El género humano ahora puede servir con libertad al Dios de la Vida.

El v. 16 da una mirada atrás y afirma la importancia de la humanidad en el plan divino: «Porque ciertamente no socorrió a los ángeles, sino que socorrió a la descendencia de Abraham». El verbo «socorrer» quiere decir asumir, ocupar, tomar el lugar o la naturaleza de algo. Por lo tanto, el texto implica que Jesús se humanó con un propósito deliberado y definido. Este propósito se hará explícito en los versículos subsiguientes.

Como indicamos anteriormente, la unidad termina en el v. 16. Los vv. 17 y 18 son un pasaje de transición que cumple múltiples funciones. En primer lugar, estos versículos aclaran el propósito de la encarnación, la muerte y la exaltación de Cristo. El Hijo «debía ser en todo semejante a sus hermanos, para venir a ser misericordioso y fiel Sumo Sacerdote» (v. 17); por «cuanto él mismo fue tentado, es poderoso para socorrer a los que son tentados» (v. 18). Estas frases completan y resumen el sentido del pasaje, pues recalcan la importancia de la encarnación, sugerida en el v. 14, y dejan claro el propósito de la obra salvífica de Cristo, implícito en el v. 16.

Segundo, los versículos finales de la unidad anuncian temas que el documento desarrollará en los capítulos subsiguientes. Por un lado, la mención de la «tentación» en el v. 18 anuncia la exposición sobre la peregrinación del pueblo de Dios que se encuentra en 3.7–4.10. Por otro, la imagen de Cristo como «misericordioso y fiel Sumo Sacerdote» (v. 17) apunta al 4.14–16 donde se afirma que Jesús, a pesar de haber sido «tentado en todo según nuestra semejanza», venció el pecado. Su identificación con el género humano y su victoria sobre el pecado son los elementos que lo acreditan como el Sumo Sacerdote por excelencia. En este sentido, el pasaje presenta el tema central de esta «palabra de exhortación». El mensaje de Hebreos es que Jesucristo es el Sumo Sacerdote eterno que se ofreció a sí mismo en sacrificio perfecto, expió los pecados de la humanidad y la liberó de la esclavitud de las fuerzas del pecado y de la muerte. Su muerte sacrificial comienza una nueva era mesiánica que se mueve hacia su consumación (véase 1.2), tal y como fue predicho en la Escritura. Aquí la carta llega a su auténtico tema. En el Hijo de Dios, que se hizo semejante a nosotros en todos los aspectos, encontramos un Sumo Sacerdote en cuya misericordia y fidelidad podemos apoyarnos. El Hijo es «poderoso para socorrer a los que son tentados» (v.18). El verbo, que se traduce aquí como socorrer, es distinto al usado en el v. 16. Éste quiere decir correr al oír un grito; apresurarse a ayudar al oprimido. En este sentido, el texto termina presentando al Hijo como aquel que no sólo tiene el poder sino que también tiene la disposición de ayudarnos en nuestra necesidad. No sólo puede, sino que quiere hacerlo.

Sugerencias para la predicación y la vida

El primer capítulo de Hebreos afirma la superioridad de Jesucristo, el Hijo de Dios, sobre los ángeles. Esto nos lleva necesariamente a considerar la relación entre la naturaleza divina y la humana de Jesús. Si bien el capítulo anterior recalca la divinidad de Jesús, Hebreos 2.5–18 afirma que la encarnación de Jesús era un paso necesario para la salvación. Su «humillación» no sólo cumplió la profecía del Salmo 8, sino que también fue el medio por el cual el Hijo se identificó con el sufrimiento de la humanidad. En este sentido—lejos de ser un impedimento para la salvación—la encarnación hace posible que la humanidad tenga acceso a la presencia de Dios.

El tema de la solidaridad de Jesús con el género humano es terreno fértil para la reflexión. En primer lugar, el texto afirma el valor del ser humano y su lugar especial en la creación. Es difícil encontrar un texto bíblico que afirme con mayor claridad el valor de la humanidad ante los ojos de Dios. Este tema es crucial para la iglesia contemporánea, pues muchos de los problemas que enfrenta el mundo encuentran su raíz en la falta de respeto por la vida. Tomemos unos momentos para explorar esta afirmación.

El menosprecio de la vida humana da fundamento a muchas de las ideologías nocivas que enfrenta el mundo moderno. El racismo menosprecia la vida de las personas de grupos étnicos diferentes al nuestro. El sexismo menosprecia la vida de las personas del sexo opuesto. El discrimen social menosprecia la vida de personas de clases sociales diferentes a las nuestras. El discrimen por razones políticas menosprecia la vida de personas que difieren de nuestros puntos de vista.

La historia contemporánea detalla las consecuencias negativas del menosprecio sistemático a la vida de los demás. En tiempos de la Segunda Guerra Mundial, el racismo y la discriminación motivaron la muerte de millones de personas tanto en los campos de batalla como en los de concentración. El racismo y la discriminación también motivaron la guerra fría, la lucha por derechos civiles y hasta las guerras fraticidas en América Central. Sin embargo, parece que la humanidad todavía no ha aprendido la lección. Hoy el racismo sigue motivando conflictos étnicos alrededor del mundo.

La violencia también arropa a las comunidades urbanas en los Estados Unidos y en América Latina. Cornell West, un pensador afro-americano, afirma que la raíz de la violencia urbana es la falta de esperanza. Las comunidades empobrecidas viven en las villas de miseria que rodean nuestras ciudades. Enfrentan el «nihilismo», es decir, la idea de que no hay futuro, que no pueden esperar nada de la vida. Hay un tanto de verdad en esta afirmación. La persona que mata a otra a sangre fría no valora la vida de los demás porque no valora la propia. La mayor parte de los jóvenes que cometen crímenes violentos están convencidos que no vivirán más de 30 años. Por eso, no les importa destruir la vida de los demás.

El menosprecio a la vida humana no sólo tiene consecuencias sociales, sino que también tiene consecuencias a nivel personal. Muchas personas internalizan la opresión y viven convencidas de su propia inferioridad. El niño que fue rechazado por su pobreza crece para ser un hombre que no se ama a sí mismo y que no puede amar a los demás. La niña que fue rechazada por ser mujer crece para ser víctima de hombres abusivos. ¡Es necesario detener la cadena de violencia!

Hebreos 2.5–18 da argumentos positivos para luchar contra el odio, la discriminación y el racismo. El sacrificio de Jesucristo nos enseña el valor del ser humano ante los ojos de Dios. Las personas que creen que no valen nada están equivocadas. Valen mucho, pues valen la sangre de Jesucristo, el Hijo de Dios.

El predicador que quiera resaltar el valor de la vida puede desarrollar varios sermones basados en este pasaje. Por ejemplo, puede elaborar un sermón titulado «Poco menor que los ángeles» que trate los siguientes puntos: «¿Cuál es el lugar de ser humano en la creación? (v. 6)», «Es un poco menor que los seres espirituales (v. 7)» y «Dios exaltará al ser humano a posiciones de autoridad (v. 7–8)». Otra opción es desarrollar un sermón titulado «El valor de la vida», «Gracias a la vida» o «Qué suerte he tenido de nacer». La predicadora sagaz sabrá aprovechar la ocasión para presentar la vida como un hermoso regalo divino que debemos atesorar al máximo. La vida es el «talento» por excelencia.

Ahora bien, debemos reconocer que sermones como estos presentan algunos peligros que se debe tratar de evitar. No debemos presentar visiones románticas y simplistas de la vida. La maldad es una realidad que debemos enfrentar diariamente.

Otro peligro es caer en el triunfalismo. Para algunos, afirmar el valor de la vida humana implica menospreciar al mundo animal y al medio ambiente. Hay hasta quienes justifican la contaminación ambiental y el abuso de la naturaleza citando las palabras de Génesis: «Llenad la tierra y sojuzgadla, y señoread en los peces del mar, en las aves de los cielos, y en todas las bestias que se mueven sobre la tierra»

(Gn. 1.28). Éste es un exceso que debemos evitar. Una lectura consciente de los primeros capítulos del Génesis deja claro que el ser humano es el mayordomo de la creación. Un mayordomo fiel no destruye las propiedades de su señor, sino que las cuida para que den buen fruto. El ser humano debe ser un buen mayordomo del mundo que Dios ha puesto en sus manos.

En segundo lugar, Hebreos 2.5–18 presenta un desafío a la iglesia contemporánea, un desafío que va más allá del púlpito. ¿Cómo puede la iglesia reflejar la solidaridad de Jesús en su práctica de la fe? En otras palabras, ¿qué debemos hacer para trascender la verbalización del Evangelio y poner en práctica lo que predicamos?

No hay una respuesta sencilla a esta pregunta. Cada creyente, cada ministro y cada congregación debe tratar de contestarla. ¿Cómo poner por obra lo que predicamos? ¿Qué hacer para cumplir la misión de proclamar el Evangelio de Jesucristo con nuestra vida?

Esto no quiere decir que el predicador no pueda tocar este tema desde el púlpito. Por el contrario, la predicadora puede dedicar todo un sermón—o una serie de sermones—al llamado a la acción que presenta el Evangelio. Este sería un excelente comienzo para un diálogo con la congregación sobre el tema. Lo que no podemos hacer es dejar de dialogar sobre este punto. Es necesario que el desafío a la acción dé paso a foros congregacionales, tales como reuniones, estudios bíblicos, diálogos formales con diversos grupos y diálogos informales con toda la feligresía. El motivo de estos contactos es elaborar estrategias pastorales respaldadas por toda la congregación. Es necesario que cada miembro de la iglesia participe en el proyecto de Dios para la redención del mundo.

Otra pregunta relacionada es: ¿De qué manera puede la iglesia ser perfeccionada para ejercer su ministerio en el mundo de hoy? El texto nos da una respuesta que—con toda honestidad—no nos gusta. El pasaje afirma que Jesús fue perfeccionado por medio de las «aflicciones» que sufrió (v. 10). Si vamos a ser consistentes en nuestra interpretación del texto, la respuesta es que la iglesia también debe ser perfeccionada por medio del sufrimiento.

Al luchar contra la adversidad, el creyente desarrolla sentido de fidelidad y perseverancia. La persona madura en la fe lleva en su cuerpo y en su alma las cicatrices de la lucha constante contra las fuerzas del mal. De hecho, el tema de la «perfección» del carácter del creyente es un tema recurrente en la ética cristiana.

El tema de la actitud cristiana ante el sufrimiento es uno de los puntos de contienda en la interpretación de Hebreos. La epístola recalca la «función educativa» de las aflicciones, tanto aquí como en 12.4–11. Es decir, Hebreos afirma que los sufrimientos pueden ser un instrumento en las manos de Dios para modelar y perfeccionar el carácter del creyente. Este es un tema difícil de abordar y fácil de malinterpretar. Muchos predicadores emplean textos como éste para instar a sus feligreses a permanecer pasivos ante la injusticia y la maldad. ¡Cuántos sermones hemos escuchado glorificando el sufrimiento! Otros, recalcan tanto el valor de la «disciplina» que sus sermones rayan en una justificación de la violencia doméstica y el abuso infantil.

Este es un tema particularmente difícil de tratar para las mujeres latinas en los Estados Unidos, que sufren discriminación por ser pobres, por ser hispanas y por ser mujeres. Con toda seguridad, las predicadoras sabrán tocar un tema como éste con delicadeza. Por su parte, los predicadores que quieran hablar de los «beneficios» del sufrimiento deben hacer un esfuerzo especial para presentar una exposición balanceada que sea fiel al texto bíblico sin ofender a la audiencia y sin glorificar el sufrimiento. Al fin, lo que perfecciona a Jesús no es el sufrimiento sino su solidaridad con el pueblo que sufre. Jesús puede redimir a la humanidad precisamente porque asume el sufrimiento humano.

Habiendo hecho estas advertencias, sugerimos diversas maneras de abordar el texto en el púlpito. Por un lado, el tema de la misión de la iglesia puede desarrollarse en sermones que traten temas tales como «El autor de la salvación», «Un llamado a la acción», «El camino está abierto» o «Libre acceso». Sermones como éstos presentarían el mensaje de los vv. 9–11, recalcando que Jesús es quien ha abierto el camino a la salvación con el propósito de llevar «muchos hijos a la gloria» (v. 10), es decir, a la presencia de Dios. Por otro lado, el tema del «perfeccionamiento» de la iglesia puede tocarse en sermones titulados «Capacitados para servir» o «El camino de la madurez». La persona que predica no debe evadir el tema del sufrimiento. Por el contrario, debe atacar de frente el problema y plantear preguntas difíciles a la congregación: ¿Acaso el sufrimiento tiene algún beneficio? ¿Pueden las aflicciones ayudarnos a madurar en la fe? ¿Cuál debe ser nuestra actitud cuando pasamos por momentos de prueba? En vez de dar respuestas superficiales a estas preguntas, debemos tratar este tema con honestidad. Los sermones que plantean los problemas en forma seria son mucho más beneficiosos que los que ofrecen respuestas rápidas y simplistas a situaciones difíciles.

En tercer lugar, este pasaje afirma la solidaridad de Jesús con la humanidad. El pasaje presenta a Jesús como el «proto-hombre». Es decir, Jesús es el representante de la humanidad que cumple en sí mismo la voluntad de Dios y que abre el camino hacia el futuro. La obra redentora de Jesucristo ha abierto el camino a la salvación y permite que los creyentes sean llamados «hijos» de Dios, tal como lo hace Hebreos 2.10. Además, el pasaje deja claro que Jesús no se avergüenza de nosotros, pues hemos venido a ser sus hermanos y sus hermanas (2.11).

Aquí llegamos a uno de los puntos centrales de la cristología de Hebreos. El capítulo inicial presenta al Hijo como el agente de la creación, recalcando así su carácter divino. Este capítulo presenta al Hijo como el representante de la humanidad, recalcando así su carácter humano. De este modo llegamos al corazón de la doctrina cristiana sobre la persona de Cristo: Jesús es plenamente Dios y plenamente humano. La doble naturaleza del Hijo es el elemento que hace posible la salvación. La exposición tradicional de esta doctrina es la siguiente. Dios es un ser divino y trascendente. La humanidad, que fue creada para vivir en comunión con Dios, ha caído presa del pecado. Nuestro pecado nos separa de Dios. Aunque Dios nos ama, no puede obviar nuestros pecados porque no puede negar su santidad ni su justicia. Es necesario satisfacer la justicia divina, ofreciendo un sacrificio definitivo por los pecados. En resumen, el ser humano necesita un camino—un puente si se quiere—que le permita salvar la distancia que le separa de Dios.

¿Quién puede interceder ante Dios para salvar a la humanidad? ¿Qué cualidades debe tener este mediador? Por un lado, un ángel no podría identificarse plenamente con la humanidad. Por otro, un mero ser humano no podía lograr acceso pleno a la presencia de Dios. Por lo tanto, queda claro que el «mediador» debía ser un ser humano y divino a la misma vez; un «Dios-hombre», para usar la fórmula clásica.

Hebreos afirma que Jesús es el perfecto mediador entre Dios y la humanidad. Su naturaleza divina le permite pleno acceso a la presencia de Dios y su naturaleza humana le permite identificarse plenamente con la humanidad. Jesucristo, al morir en una cruz para llevar los pecados de la humanidad en su carne, ha cumplido con las exigencias de la justicia divina. El Hijo ha pagado por nuestros pecados ofreciendo el sacrificio perfecto. Por lo tanto, Jesús ha abierto el camino a la salvación y a la santidad. La distancia entre el Dios santo y el ser humano pecador ha sido acortada por la sangre de Jesucristo. El abismo de separación ha quedado salvado. El madero de la cruz se ha convertido en el puente que da acceso a la presencia de Dios.

Un tema como este puede presentarse por medio de sermones titulados «La cruz es el puente», «Un camino abierto», «Murió por nosotros», «En tu lugar» o «Nuestro hermano mayor». El sermón puede desarrollarse por medio de tres puntos: primero, debemos contrastar la santidad de Dios y el pecado humano; segundo, recalcar que el pecado humano es la causa de la separación entre Dios y la humanidad; tercero, presentar a Jesús como el salvador perfecto. La conclusión debe llamar a la audiencia a responder en amor al sacrificio de Jesucristo. Otra manera de desarrollar un sermón como éste es por medio de preguntas y respuestas. Algunas de las preguntas claves pueden ser: ¿Por qué el ser humano necesita salvación? ¿Quién puede interceder ante Dios para salvar a la humanidad? ¿Qué cualidades debe tener este mediador? ¿Cómo debemos responder al llamado divino?

Debemos tener en cuenta algunos puntos importantes al reflexionar sobre este tema. En primer lugar, no debemos cometer el error de resaltar la justicia de Dios a expensas de su amor. Hay predicadores que presentan a Dios como un ser sanguinario y vengativo. En contraste, presentan a Jesús como el ser amoroso y compasivo que nos libra de la ira de Dios. Esos sermones evocan una de las herejías de la iglesia antigua—la herejía de Marción—quien afirmaba que el dios del Antiguo Testamento no era el Dios de Jesucristo.

Por último, Hebreos 2.5–18 afirma que Dios nos ha liberado del temor. Este es un tema pastoral que siempre es pertinente. El temor es una respuesta normal ante una amenaza. En nuestra vida enfrentamos varias situaciones amenazantes. El miedo es una reacción natural a las situaciones que nos intimida.

Podemos distinguir entre dos tipos de temor. Hay temores comunes y miedos enfermizos. Por ejemplo, es normal que un niño le tema a la oscuridad. Sin embargo, no es normal que una persona adulta decida permanecer oculta en su casa de noche por temor a la oscuridad. El miedo también tiene aspectos positivos y negativos. Cuando sentimos miedo nuestros sentidos se agudizan y estamos más alerta que de costumbre. No obstante, los temores enfermizos paralizan a la persona y no le permiten defenderse de la amenaza.

De hecho, los temores enfermizos tienden a precipitar la amenaza. El miedo paraliza a la persona de manera tal que queda indefensa ante el problema. Además, hay distintos tipos de amenaza. Una amenaza puede ser real o imaginaria. Sin embargo, ambas perturban a la persona que las experimenta.

La muerte plantea la última amenaza para el ser humano. Es la puerta a lo desconocido, una puerta que todos tenemos que abrir. Vivimos en una sociedad donde el peligro nos asedia. La muerte puede sorprendernos en cualquier momento, ya sea en forma accidental o a consecuencia de un crimen violento. La persona que no tiene fe carece de las herramientas espirituales necesarias par enfrentar la muerte con esperanza.

Este texto puede ser el punto de partida para un sermón sobre la liberación del temor. El mismo puede titularse «Liberados», «Sin miedo», «La muerte de la muerte» o «Libres para disfrutar la vida». Tal sermón afirmará las verdades que presenta el pasaje: Jesús sufrió el más humano de los eventos: la muerte. Por medio de su muerte, Jesús destruyó el imperio de la muerte sobre la humanidad; por lo tanto, la humanidad ha sido liberada por medio de la obra salvífica de Jesucristo. A manera de conclusión, podemos recalcar la esperanza cristiana e invitar a la audiencia a disfrutar plenamente de la nueva vida que Dios nos regala por medio de la obra de Jesucristo.

Segunda sección: Cristo es nuestro Sumo Sacerdote

(3.1–5.10)

Hebreos 3.1–4.13 da una mirada al pasado. En primer lugar, compara la figura de Cristo con la de Moisés (3.1–6). Segundo, compara la iglesia con el pueblo de Israel en el éxodo (3.7–4.11).

Este pasaje presenta dos ideas principales. Por un lado, afirma que Jesús es superior a Moisés (3.1–6) y a Josué (4.8–10). Por otro lado, indica que el reposo prometido a Israel en el éxodo todavía está disponible para la iglesia, la nueva comunidad peregrina.

Los versículos finales del capítulo 2 hablan de Jesús como el Sumo Sacerdote fiel y compasivo (2.17–18). Hebreos 3.1–6 expande la idea de la fidelidad de Jesús. De ahí, pasa a considerar las implicaciones de la superioridad del Hijo sobre Moisés y a presentar a la iglesia como la comunidad del nuevo éxodo (3.7–4.14). Hebreos 4.14–5.10 elabora la idea de que Jesús es el Sumo Sacerdote compasivo.

En este pasaje encontramos cinco secciones bien definidas:

1. 3.1–6: Presenta a Jesús como el Sumo Sacerdote fiel que, como Hijo de Dios, es superior a Moisés.
2. 3.7–11: Es una exhortación a la obediencia basada en una larga cita del Salmo 95.7–11.
3. 3.12–19: Aquí se elabora la advertencia contra la incredulidad de los vv. 7–11. Se continúa trabajando sobre el Salmo 95 (vea v. 15). Esta sección está claramente definida por el uso de la palabra «incredulidad» al principio (v. 12) y al final (v. 19).
4. 4.1–11: Continúa la exhortación sobre una base distinta, afirmando que es necesario creer para alcanzar el reposo que el

pueblo de Israel no pudo alcanzar en el éxodo. Ese reposo está aún al alcance del pueblo de Dios. Aquí pueden verse los límites del texto por el uso de la palabra «reposo» en el versículo inicial (v. 1) y el final (v. 11) del pasaje. Del mismo modo, la palabra «incredulidad» une el pasaje desde el 3.12 al 4.11.

5. 4.12–13: Estos versículos exaltan la palabra de Dios; la misma que fue rechazada por la comunidad del éxodo.

Por su parte, Hebreos 4.14–5.1–10 presenta la primera exposición detallada sobre el sumo sacerdocio de Jesús. El pasaje comienza con una porción que resume el mensaje de Hebreos sobre el tema (4.14–16). En términos teológicos, esta es una de las secciones más importantes de la epístola.

Hebreos 5.1–10 explica por qué el sumo sacerdocio de Jesús es mejor que el de los sumos sacerdotes judíos. Basa sus afirmaciones en el Salmo 110.4, continuando así el comentario sobre ese salmo. El elemento más novedoso que aporta esta sección es la introducción de Melquisedec, un personaje que aparece en Génesis 14.18–20. Hebreos afirma que Jesús es Sumo Sacerdote, pero que pertenece a una orden distinta: a la orden de Melquisedec. Esto le distingue del sacerdocio sadoquita que dominó el judaísmo desde los tiempos de David. Sadoc era un sacerdote, descendiente de Aarón, cuyos descendientes ocuparon el sumo sacerdocio hasta el segundo siglo antes de la era cristiana.

Aquí dividimos este pasaje bíblico en tres secciones: 3.1–6, 3.7–4.13 y 4.14–5.10. Pasemos a considerar su mensaje.

A. Jesús, el Sumo Sacerdote fiel (3.1–6)

Este pasaje comienza toda una sección de Hebreos, unida por el uso de la palabra «profesión» en 3.1 y en 4.14. La palabra española es la traducción del vocablo griego «homologías», que también puede ser traducido como confesión de fe. El uso de una frase o palabra al comienzo y al final de una unidad de pensamiento es una técnica llamada «inclusión». Esta es una de las técnicas que Hebreos usa una y otra vez para organizar sus ideas.

Comentario versículo por versículo

Después de la extensa exposición sobre la obra de Cristo presentada en los capítulos anteriores, el v. 1 presenta a Jesús bajo una nueva luz.

El texto invita a la audiencia a «considerar» a Jesús, es decir, a poner la atención en su obra, su persona y su mensaje. El texto describe a Jesús como el «apóstol y Sumo Sacerdote de nuestra profesión». «Apóstol» quiere decir enviado por Dios. El sumo sacerdocio es la imagen que usa el texto para describir la obra de Cristo. Nuestra «profesión» es nuestra confesión de fe. Por lo tanto, el v. 1 es como un título que resume y anuncia el mensaje de toda esta sección.

A partir del v. 2, Hebreos compara a Jesús con Moisés. El texto los describe como personas fieles a Dios. Por su parte, en una alusión a Números 1.7, el texto presenta a Moisés un líder de la «casa» o familia de Dios, es decir, del pueblo de Israel. Sin embargo, Jesús es digno de una gloria superior a la de Moisés porque es el «constructor» de la casa (v. 3). Aquí el texto evoca las enseñanzas del capítulo 1, donde se afirma que el Hijo no sólo participó en la creación del mundo sino que también lo sustenta (1.3, 10). Si bien Dios es el creador de todo (v. 4), el texto implica que es como un padre de familia. Moisés era parte de la familia, pero en calidad de siervo (v. 5). Jesús también es miembro de la familia, pero en calidad de Hijo (v. 6a). Esto le da más dignidad y honor, colocándolo sobre Moisés.

Al afirmar la superioridad del Hijo sobre Moisés, el texto implica que la fe cristiana es superior al antiguo sistema cúltico israelita. La comunidad cristiana es, pues, la nueva «casa» o familia de Dios (v. 6b). Como tal, es la heredera de las promesas que Dios le hiciera a Israel. Esta relación íntima con Dios debe animar a la iglesia a mantenerse firme en la fe «hasta el fin» y a gloriarse en la esperanza cristiana (v. 6b).

Sugerencias para la predicación y la vida

Este pasaje sugiere dos temas importantes. El primero es la invitación a considerar a Jesús. El pasaje presagia y evoca Hebreos 12.1–2, donde el autor exhorta a la audiencia a poner los ojos en Jesús. En este caso, el pasaje destaca dos «oficios». El primero es su rol de «apóstol» o enviado de Dios. Este oficio recalca la agenda misionera de Dios, presentando a Jesucristo como el misionero por excelencia. El segundo rol es el de Sumo Sacerdote, tema que se explicará en detalle en el resto de la epístola.

Es posible, pues, desarrollar un sermón titulado «Considerad a Jesús» cuyo cuerpo tenga dos puntos principales, uno explicando su rol como apóstol y el otro explicando su oficio de Sumo Sacerdote.

El segundo tema es la superioridad del Hijo sobre Moisés. Esta declaración implica la superioridad de la doctrina cristiana sobre la teología y las prácticas rabínicas. Los puntos de contraste entre Jesús y Moisés son claros. Moisés es un siervo que forma parte de la casa de Dios y que dio testimonio de la revelación venidera. Por su parte, Jesús es el Hijo de Dios que construyó la casa de Dios y que dio cumplimiento a las profecías reveladas en el Antiguo Testamento. Debemos comprender el término «casa» como una referencia al pueblo de Dios, a través de todas las edades. Es decir, debemos interpretar el término de manera inclusiva.

Aquí se hace necesaria una advertencia sobre el peligro de caer en el antisemitismo. No debemos usar este texto para condenar al pueblo de Israel ni para atacar al judaísmo. El hecho es que la disputa doctrinal que presenta Hebreos ocurre dentro de la misma familia de fe. Del mismo modo que cristianos católicos y protestantes tienen diferencias doctrinales, el judaísmo del primer siglo estaba dividido en varias facciones. El cristianismo comenzó como una secta judía que afirmaba que Jesús era el Mesías y, por lo tanto, presentaba una interpretación distinta de las Escrituras hebreas. Por lo tanto, debemos interpretar este texto con una actitud de respeto hacia el judaísmo, ya que formamos parte de la misma familia de fe.

Como título para un sermón sobre este tema podemos usar frases como «Sinaí y el Gólgota» o «El Hijo y el siervo». El sermón tendría dos puntos principales, uno que presente el ministerio de Moisés y otro que exponga la obra de Jesucristo.

B. Advertencia contra la incredulidad (3.7–4.13)

Hebreos 3.7–4.13 trata el tema del descanso que se ofrece al pueblo de Dios. Esta unidad tiene dos ideas principales. En primer lugar, hace una advertencia a los oyentes (3.7–11). El texto afirma que la incredulidad hace imposible la entrada al descanso (3.12–19). En segundo lugar, reafirma a los oyentes en su fe dejándoles claro que la promesa del descanso está todavía disponible y por lo tanto el descanso todavía se puede alcanzar (4.1–13).

Comentario versículo por versículo

Después de tratar brevemente la idea de que Jesús es superior a Moisés (vv. 1–6) encontramos en 3.7–11 una cita del salmo 95.7b–11 (LXX 94.7b–11). Este salmo se divide en dos partes. La primera (vv. 1–7a) consiste en un llamado a adorar a Dios, mientras que la segunda parte (vv. 7b–11) es una advertencia contra la desobediencia a Dios reforzada por la memoria de lo que le ocurrió a Israel en el desierto a causa de su desobediencia. En 3.7 encontramos, como en otros lugares en Hebreos, un énfasis sobre la palabra hablada.

El Salmo escrito se convierte en discurso: la Palabra Divina del Espíritu Santo a quienes pueden escuchar su voz. También encontramos énfasis en el presente, reforzado por el uso de la palabra «hoy» (3.7, 13, 15; 4.7) en esta sección.

La cita exhorta a la audiencia a no endurecer su corazón (3.8). Aquí la palabra «corazón» debe ser entendida de a acuerdo la tradición del Antiguo Testamento. En las escrituras hebreas el corazón es el lugar donde se consideran y se toman las decisiones. Es decir, en el pensamiento hebreo el corazón es equivalente a la mente. El texto advierte a los oyentes contra la desobediencia recordándole que Israel perdió la oportunidad de entrar a la Tierra Prometida en el libro del Éxodo (3.8b). A pesar de haber visto los actos portentosos de Dios (3.9), provocaron al Señor (3.10) y Dios juró en su ira que nunca entrarían en su descanso (3.11).

La advertencia que se presenta a través de la cita bíblica en 3.7–11 se desarrolla en 3.12–19. Esta sección es una inclusión que utiliza la palabra «incredulidad» tanto en el v. 12 como en el v. 19. El v. 12 establece la tónica de toda la sección, advirtiendo a los oyentes sobre el peligro de la incredulidad. La incredulidad es peligrosa porque es el factor principal que puede apartar a un grupo de creyentes de la fe cristiana. La palabra «apartar» implica aquí un acto de rebelión; es equivalente a convertirse en un apóstata que niega la fe. El autor de Hebreos cree necesario que los fieles entiendan aquellas palabras del Espíritu Santo como un aviso para evitar el pecado de la incredulidad.

El versículo siguiente llama a los creyentes a exhortarse los unos a los otros, de manera que ninguno pierda la fe (v. 13). Este versículo cambia el sentido de la palabra «hoy», transformándola en la palabra que «hoy» el Espíritu Santo le dirige a la iglesia. El salmo, por ser la voz del Espíritu Santo, es palabra de Dios para el pueblo cristiano. El contenido de la palabra del Espíritu es dado «hoy». Es el hoy «escatológico», es decir, se refiere a los últimos tiempos, que ya han comenzado a manifestarse. Como las demás exhortaciones de Hebreos, este «hoy» pronunciado por Dios incluye dos aspectos. Por un lado, es el anuncio gozoso de la salvación, del reposo que todavía está al alcance del nuevo pueblo de Dios (4.7–9). Es palabra que anuncia la posibilidad de participar en Cristo, llegando así a formar parte de la casa de Dios. Por otro lado, el pasaje también contiene una grave advertencia. Quien rechaza la invitación que el Espíritu Santo hace «hoy» corre el peligro de perderse. Al rechazar la invitación divina, dicha persona cierra la ventana que da acceso al reposo que la palabra anuncia. El «hoy» pronunciado por el Espíritu Santo exige que la persona que escucha el mensaje tome una opción: abrazar la fe en forma definitiva o negarse por causa de la incredulidad.

El v. 14 afirma que los creyentes ya han sido hechos «participantes de Cristo». Esto implica que, por medio de la fe, todos los creyentes ya están participando con Cristo de su reino porque ahora son objeto de su obra redentora. Sobre esta base, el texto vuelve a recordarles que deben perseverar en la fe (v. 15).

Los vv. 16 al 18 plantean varias preguntas a través de las cuales se identifica al pueblo que no pudo entrar al descanso prometido. Este pueblo es Israel, que fue sacado de Egipto bajo el liderazgo de Moisés (véase la referencia a Moisés en 3.1–6). Finalmente, de manera enfática, el v. 19 afirma que Israel no pudo entrar a la Tierra Prometida a causa de su incredulidad.

La última sección de esta unidad es 4.1–13. En estos versos la tónica es un tanto diferente. En vez de una advertencia, encontramos aquí la idea de que el descanso prometido está todavía abierto (4.1). Hebreos interpreta las palabras del Antiguo Testamento como una promesa que ha de cumplirse al final de los tiempos. La interpretación que hace del Salmo 95 es tipológica. Esto quiere decir que Hebreos ve al pueblo de Israel como un antitipo del pueblo cristiano y la entrada a la Tierra Prometida como un antitipo de la salvación que podemos lograr por medio del sacrificio de Jesucristo.

Queda claro, pues, que todo ser humano tiene la misma oportunidad de entrar en el descanso que Israel tuvo en el pasado (4.2a). Los creyentes, esto es, quienes han recibido la palabra hablada con fe (4.2b), aún pueden entrar en el descanso (4.3a).

El resto de este capítulo se caracteriza por dos elementos. Primero, la descripción del descanso en términos que evocan el sábado en vez de la entrada a la Tierra Prometida. Segundo, un juego de palabras entre los nombres Josué y Jesús.

En Hebreos 4.3b–5 se presenta el descanso en términos que evocan la observación del sábado, el día de descanso para el pueblo de Israel. El texto afirma que Dios ha descansado puesto que ha acabado las obras necesarias para la fundación del mundo (compare con Génesis 1.31). Sin embargo, esto no quiere decir que Dios esté inactivo. Lo que quiere decir el concepto «descanso» en este contexto es que el mundo funciona con absoluta facilidad, sin carga o pesadez alguna. Aquí encontramos la idea de que Dios es «inmutable», es decir, que Dios no cambia. Dios le dio a la creación su carácter básico y ahora descansa de su obra creadora. Por lo tanto, Hebreos entiende a Dios en una forma que evoca el pensamiento helenista, tal y como si fuera una «mónada». En la filosofía griega, una «mónada» es una substancia simple, activa e indivisible. En este sentido, Dios descansa porque no cambia. En 4.6–7 se repite la idea de que la promesa del descanso está todavía abierta. Además, se repite la exhortación a entrar al descanso «hoy».

En 4.8–10 encontramos un juego de palabras que recuerda la forma como los maestros de la comunidad judía interpretaban la Biblia. Este texto maneja en forma creativa las objeciones que pudiera presentar cualquier persona conocedora del Antiguo Testamento. Como todos sabemos, el pueblo de Israel no entró a la Tierra Prometida dirigido por Moisés. La comunidad que peregrinaba por el desierto entró a Canaán una generación más tarde, bajo la dirección de Josué. En este punto, parece que todo el argumento de que la promesa todavía está abierta corre el peligro de caer y desmoronarse. Sin embargo, Hebreos responde a está dificultad con un interesante juego de palabras. En griego, los nombres «Josué» y «Jesús» son idénticos. Ambos nombres castellanos son traducciones del nombre griego «Iésous». El argumento de Hebreos corre de la siguiente forma. La generación de israelitas que entró a la Tierra Prometida dirigida por un «Iésous» (Josué), en realidad no entró al verdadero descanso prometido. Esto podemos verlo porque cuando David escribió el Salmo 95, citado en el 4.7,

Israel ya vivía en la tierra de Canaán. Sin embargo, el salmo afirma que el pueblo todavía no ha entrado al descanso; que el descanso vendrá después. Por lo tanto, queda otra oportunidad para entrar al descanso. Hebreos afirma que ahora tenemos la oportunidad de entrar al verdadero descanso bajo el liderazgo de un nuevo y mejor «Iésous», es decir, de Jesús el Hijo de Dios. El texto afirma que la promesa sigue abierta (4.9) y reafirma que los creyentes todavía pueden participar del descanso sabático que Dios ofrece a su pueblo.

El v. 11 exhorta una vez más a los creyentes a entrar en el reposo prometido. El texto entiende la peregrinación del pueblo de Israel por el desierto como una metáfora que describe la peregrinación espiritual de la comunidad cristiana. Tanto el Israel de ayer como la comunidad cristiana de hoy comparten la meta común de alcanzar salvación, meta que puede ser descrita como «entrar en el reposo». Sin embargo, el texto deja claro que este reposo aparece como una promesa que puede obtenerse sólo después de un larga y dura peregrinación.

El v. 12 personifica a la palabra divina y afirma que es «viva y eficaz». De este modo, el texto nos asegura que las profecías continúan vigentes. De esta afirmación, el texto pasa a comparar la palabra divina con una espada de doble filo. La idea central de la metáfora es que la palabra divina revela aun los pensamientos más profundos que un ser humano pueda ocultar. El v. 13 continúa esta idea, afirmando que todo pensamiento oculto será revelado, pues nada puede escapar del conocimiento de Dios.

Sugerencias para la predicación y la vida

Hebreos 3.7–11 plantea dos preguntas teológicas importantes. La primera es, ¿Por qué una persona endurece su corazón cuando no desea escuchar la voz de Dios? La contestación a esta pregunta se relaciona al tema de la ética cristiana. En el Antiguo Testamento escuchar implica también obedecer. Si una persona no escucha la voz de Dios entonces no puede ser obediente a Dios. La imagen del corazón endurecido apunta a una mente endurecida, esto es, a una voluntad paralizada. La persona que no puede comprender la voluntad de Dios tampoco puede hacer la voluntad de Dios. Por lo tanto, la persona con el corazón endurecido ha perdido la habilidad para discernir, ha perdido la capacidad de juzgar correctamente. Esta persona no puede hacer una distinción clara entre el bien y el mal, y la posibilidad de un sistema ético sólido y coherente está casi perdida. La persona con el corazón endurecido está en un estado de rebelión contra Dios.

La segunda pregunta teológica que surge esta sección es la siguiente. ¿Cómo podemos interpretar la palabra «provocación» en este contexto? Creo que la respuesta a esta pregunta se relaciona con el tema de la fidelidad a Dios. De acuerdo a la tradición del Antiguo Testamento, casi todas las acciones pecaminosas tenían como base un elemento en común: la idolatría. En este contexto podemos entonces preguntarnos: ¿Si no estamos escuchando la voz de Dios, entonces a quién estamos escuchando? ¿Si no estamos obedeciendo a Dios, entonces a quién estamos obedeciendo? Las implicaciones de este texto son claras. Si no estamos escuchando a Dios entonces estamos obedeciendo a alguna otra entidad y estamos cayendo en el pecado de la idolatría.

En este punto, es pertinente hacer una referencia al cuarto capítulo de Deuteronomio. En ese importante capítulo del Antiguo Testamento encontramos varios elementos que corresponden a las ideas que Hebreos presenta en esta sección. En primer lugar, en Deuteronomio 4 encontramos un fuerte énfasis en la importancia de escuchar y obedecer a Dios (vv. 1, 3, 4, 20, 24–25). Segundo, escuchar y obedecer la voz de Dios son las condiciones básicas para entrar en el descanso que representa la Tierra Prometida (vv. 18, 20–25). Tercero, la LXX enfatiza la palabra «hoy» (en griego, «sémeron», vv. 2, 6, 24). Finalmente, en Deuteronomio 6.16 la experiencia de la prueba en Masah se presenta como un ejemplo de rebelión idolátrica. En la LXX, la palabra «masah» se traduce como tentación.

Por lo tanto, en Hebreos 3.7–11 encontramos una advertencia que todavía esta vigente para el Pueblo de Dios. Esta advertencia puede ser la base para un sermón titulado «Si escuchas hoy su voz». Éste afirmaría que, cuando no escuchamos ni obedecemos la voz de Dios, estamos provocando a Dios y corremos el peligro de convertirnos en personas rebeldes e idólatras que no podrán entrar en su descanso.

La segunda sección (3.12–19) nos lleva a pensar en la relación de la comunidad cristiana con la comunidad judía y con el estado de Israel. En este capítulo, la obra redentora de Jesús se presenta en términos que recuerdan al éxodo antiguo. Lo que es más, el texto sugiere que

la obra de Cristo es el nuevo éxodo a través del cual podemos llegar
a la presencia de Dios. Esto se deriva de las ideas presentadas en los
capítulos anteriores. La comunidad cristiana tiene un nuevo líder
(2.10), mayor que los ángeles y que Moisés (1.4–2.9; 3.1–6), que la dirige
en su peregrinaje al descanso prometido. En este sentido, aunque la
comunidad está viviendo en un tiempo diferente, ambas comunidades
comparten las mismas bases y la misma meta. Ambas comunidades
han experimentado los actos liberadores de Dios. Para el Pueblo de
Israel, el acto liberador por excelencia es el éxodo. Para la comunidad
cristiana, el acto liberador por excelencia es la obra redentora de
Jesucristo. La meta es obtener el descanso. Descanso, que para Israel
se alcanzaba al llegar a la Tierra Prometida. Descanso que la iglesia
espera alcanzar en la plenitud de los tiempos, en el establecimiento
del Reino de Dios. En este sentido, tenemos la oportunidad de repetir
el éxodo. Sin embargo, en nuestro peregrinaje también encontramos
el mismo peligro que Israel encontró. La incredulidad es siempre una
posibilidad. Para alcanzar la meta debemos escuchar la voz de Dios,
obedecer su voluntad y caminar en justicia.

Por lo tanto en Hebreos 3.12–19 también encontramos una
advertencia: Si la comunidad cristiana cede ante el peligro de la
incredulidad tampoco entrará en el descanso. Un sermón sobre este
pasaje, que bien podría titularse «Crisis de fe», expondría los peligros
de la incredulidad.

Hebreos 4.1–13, la sección final, nos confronta con el tema del
descanso. ¿Qué es lo que el autor quiere decir por descanso? El
descanso al cual se refiere, tiene el mismo carácter fundamental
que el descanso sabático o que el descanso obtenido al entrar a la
Tierra Prometida. El verdadero descanso se alcanza al reconocer que
vivimos bajo la soberanía de Dios. La Tierra Prometida y el sábado
son sólo símbolos de la soberanía de Dios y del amor de Dios por
su pueblo. En este sentido, la fe es el descanso. Este descanso, esta
fe, no depende de obras (4.10). Se obtiene cuando respondemos con
fidelidad a la buena noticia del evangelio (4.2); cuando perseveramos
obedientemente hasta el fin.

Si entendemos que el descanso se relaciona con la fe, entonces todo
se hace más claro. La exhortación a escuchar y a obedecer en 3.7–11 y
la advertencia contra la incredulidad en 3.12–19 se hacen más claras.

El mensaje de toda la unidad (3.7–4.10) está claramente resumido en 4.11. Debemos luchar por mantener nuestra fe, ya que cuando no escuchamos ni creemos la palabra de Dios caemos en el pecado de la desobediencia, por lo tanto, en la apostasía.

Esta unidad plantea varias preguntas pertinentes para la iglesia de hoy. Primero, ¿estamos escuchando la voz de Dios hoy? La comunidad fiel debe hacer un esfuerzo para discernir la voz de Dios en nuestro mundo porque de otra manera corre el peligro de convertirse en una entidad idólatra y rebelde. Segundo, ¿estamos respondiendo a la voz de Dios con obediencia fiel? Cuando la comunidad no actúa de acuerdo a la voz de Dios, cae en el pecado de la incredulidad. Tercero, ¿estamos viviendo y proclamando la soberanía de Dios, el descanso de Dios sobre las estructuras idolátricas de este mundo? Si la iglesia no vive y proclama este mensaje, se encontrará a merced de las estructuras idolátricas de nuestra sociedad.

Todo esto se reduce a una alternativa: el ser humano tiene que escoger entre la vida y la muerte. Cuando vemos al Dios viviente como nuestro modelo y como nuestra meta en la vida (3.12), entonces tenemos que tomar una opción por la vida. Discernir y hacer la voluntad de Dios en este mundo, es equivalente a tomar una opción por la vida y por la justicia en un mundo asediado por el pecado. Entrar en el descanso escatológico de un nuevo orden es equivalente a proclamar la soberanía de Dios sobre las estructuras, los poderes y la ideología de la muerte. Al escuchar la voz de Dios comenzamos a ver claramente la realidad, ya que la palabra de Dios desenmascara todo (4.12–13). El énfasis de este texto en el hoy, en escuchar y en obedecer, nos lleva a pensar en el libro del Deuteronomio:

> «Mira, yo he puesto delante de ti hoy la vida y el bien, la muerte y el mal, por que yo te mando hoy que ames a Jehová tu Dios, que andes en sus caminos, y guardes sus mandamientos, sus estatutos y sus decretos, para que vivas y seas multiplicado, y Jehová tu Dios te bendiga en la tierra a la cual entras para tomar posesión de ella.
>
> A los cielos y a la tierra llamo por testigos hoy contra vosotros, que os he puesto delante de la vida y la muerte, la bendición y la maldición; escoge, pues, la vida, para que vivas tú y tu descendencia».
>
> Deuteronomio 30.15–16, 19

Un sermón sobre esta porción anunciaría que el reposo prometido todavía está disponible para el pueblo de Dios. Bien podría llamarse «Promesa abierta» o «El reposo llegará». De otro modo, podemos predicar un sermón donde interpretemos Hebreos a la luz de Deuteronomio 30, llamado «Escoge la vida».

Por último, 4.12–13 puede servir como base a un sermón donde se exalte la eficacia de la palabra divina. El mismo puede advertirle a la audiencia que nada permanece oculto ante los ojos de Dios. La palabra divina penetra hasta lo más profundo del alma humana, revelando así «los pensamientos y las intenciones del corazón» (v. 12).

C. Jesús, el Sumo Sacerdote compasivo (4.14–5.10)

Hebreos 4.14–5.10 presenta dos ideas principales. La primera es que Jesús es el Sumo Sacerdote compasivo que nos comprende (4.14–16). La segunda es que el sumo sacerdocio de Jesús es superior al de Aarón (5.1–10)

Siguiendo el anuncio de Hebreos 2.17, este pasaje presenta a Jesús como el Sumo Sacerdote que tiene la capacidad de compadecerse de la humanidad. A su vez, Hebreos 5.9–10 anuncia el tema de la próxima sección (5.11–10.39): Jesús es el Sumo Sacerdote perfecto según el orden de Melquisedec.

En términos literarios, este pasaje se divide en dos porciones. La primera (4.14–16) resume en pocas palabras las ideas teológicas más importantes de Hebreos. La segunda porción abarca los primeros 10 versículos del quinto capítulo. El pasaje compara el sacerdocio aarónico con el sumo sacerdocio de Jesús. No debe sorprendernos que el texto afirme la superioridad de Jesús sobre Aarón, ya que los pasajes anteriores afirmaron su superioridad sobre los ángeles, Moisés y Josué. El texto compara a Jesús con Aarón, estableciendo los puntos de contacto y las diferencias. El texto afirma que ambos fueron nombrados por Dios y que ambos tenían misericordia por la humanidad. Jesús podía mostrar misericordia en su solidaridad con la humanidad y Aarón en su propia condición humana. Sin embargo, hay diferencias entre ambos órdenes sacerdotales. Jesús es a la vez divino y humano, mientras que Aarón era sólo humano. Por lo tanto,

Jesús no tenía necesidad de presentar sacrificios por sí mismo, como tenía que hacerlo Aarón.

Este pasaje comenta dos porciones del Antiguo Testamento. Hebreos 5.5 vuelve sobre el Salmo 2.7 (véase 1.5a). Hebreos 5.6 comenta sobre el Salmo 110, particularmente el v. 4. Como hemos afirmado a través de nuestro libro, Hebreos es, en gran parte, un sermón o comentario homilético sobre este salmo.

Comentario versículo por versículo

Al igual que 3.1, Hebreos 4.14 insta a la audiencia a considerar a Jesús. En este caso, el texto presenta a Jesús como el Sumo Sacerdote que «traspasó los cielos». Esta metáfora implica que Jesús ha llegado a la presencia de Dios, desde donde intercede por la humanidad. Este versículo alude a la entronización de Jesús, el Hijo de Dios, como Sumo Sacerdote. La idea de que Jesús ha tomado su justo lugar junto a Dios, como príncipe del universo, es la base del resto de la carta.

Esta victoria de Jesús no es meramente personal. Por el contrario, su entronización como Sumo Sacerdote implica la salvación—y por lo tanto la victoria—de la humanidad. Por medio de su entrada al santuario celestial, Jesús ha abierto el camino a Dios y ha efectuado la purificación de los pecados de la humanidad. Tanto 3.1–6 como 4.14 subrayan el carácter salvífico del sumo sacerdocio del Hijo de Dios.

La fórmula «tenemos un gran Sumo Sacerdote» se repite en el v. 15. La repetición de esta frase es el elemento de transición entre la primera parte de Hebreos y la segunda. El v. 15 sigue un proceso rigurosamente lógico. Empieza con una afirmación dogmática sobre el Sumo Sacerdote y deduce de ella una exhortación. La afirmación central de 4.15 es que nuestro Sumo Sacerdote puede compadecerse de nuestras debilidades debido a su total solidaridad con nosotros, excepto en el pecado.

El v. 16 invita a la audiencia a caminar por el sendero que el Hijo ha abierto, sendero que llega hasta el «trono de la gracia», esto es, hasta la presencia de Dios. El creyente puede acercarse a Dios con confianza, sabiendo que tenemos un Sumo Sacerdote que intercede ante Dios por nosotros, de manera que podamos «alcanzar misericordia y hallar gracia para el oportuno socorro».

En este sentido, Hebreos 4.14–16 concluye la exposición de los aspectos del sacerdocio de Jesús enunciados en 2.17–18: su fidelidad y su misericordia. Del mismo modo, resume la larga exhortación de 3.7–4.13.

Este impresionante resumen da paso a 5.1–10, un largo párrafo doctrinal que explica y desarrolla las ideas teológicas fundamentales de los versículos anteriores. Los primeros cuatro versículos atribuyen tres características al Sumo Sacerdote. En primer lugar, su misión era interceder por la humanidad ante Dios. Segundo, debía tener compasión por las personas débiles y faltas de fe. Tercero, debía ejercer su ministerio en respuesta a una vocación o llamado de parte de Dios.

El resto del párrafo (vv. 5–10) aplica a Cristo estas tres características del antiguo sumo sacerdocio. Invirtiendo el orden de las ideas, comienza hablando del llamado de Dios (vv. 5–6) y pasa a hablar del sufrimiento y las plegarias de Jesús (vv. 7–8). El párrafo concluye afirmando que Jesús es el Sumo Sacerdote perfecto.

Hebreos 5.1 afirma que el Sumo Sacerdote debe ser humano. Además, afirma que su tarea principal es ser mediador entre Dios y la humanidad. En los tiempos del Antiguo Testamento, esta mediación se llevaba a cabo principalmente por medio de sacrificios de animales y ofrendas de frutos de la tierra.

El Sumo Sacerdote debía compadecerse de las personas que vivían alejadas de Dios, cegadas por la ignorancia y la maldad. Esta actitud de misericordia se basaba en el hecho de que el Sumo Sacerdote era un ser humano; tan humano como cualquier otra persona. La común humanidad es la base de la misericordia.

El v. 3 nos recuerda que el Sumo Sacerdote tenía que ofrecer un sacrificio por sí mismo antes de efectuar la purificación del pueblo (véase Levítico 9.7). Este dato recalca la condición pecaminosa del Sumo Sacerdote, quien tenía que interceder ante Dios «tanto por sí mismo como también por el pueblo».

Queda claro que un oficio tan complejo como éste sólo podía llevarse a cabo en respuesta a un llamado de Dios (v. 4). En este punto, el texto afirma que Dios llamó a Aarón a ser Sumo Sacerdote, evocando pasajes bíblicos tales como Éxodo 4.14–16 y 8.1.

Si bien Dios llamó a Aarón en los tiempos de Moisés, también llamó al Hijo en cumplimiento de las profecías de los Salmos 2 y 110. De acuerdo a los vv. 5 y 6, Dios ha nombrado a Jesús Sumo Sacerdote. Esta idea se reafirma en el v. 10. Sin embargo, su sumo sacerdocio no continúa la línea aarónica. Jesús es Sumo Sacerdote «según el orden de Melquisedec» (v. 6).

La introducción de Melquisedec es un paso importante en el argumento de la carta. Hebreos introduce la idea del sumo sacerdocio de Melquisedec en este capítulo a manera de anuncio, pero la desarrollará más adelante. Como de costumbre, Hebreos anuncia una idea que elaborará varios párrafos después.

En todo caso, Melquisedec es un personaje del Antiguo Testamento. Se le nombra en Génesis 14.18–20, donde aparece como rey de una ciudad llamada «Salem». El nombre de esta ciudad significa «paz». Se cree que «Salem» bien puede ser Jerusalén. Melquisedec, cuyo nombre quiere decir «rey de justicia», recibe a Abraham con pan y vino y lo bendice. En respuesta, Abraham le da los diezmos del botín capturado en batalla. El pasaje no indica el origen de este personaje ni habla de su muerte.

La figura de Melquisedec, aunque sólo se nombra dos veces en el Antiguo Testamento, capturó la imaginación de algunos grupos religiosos israelitas. En particular, Melquisedec aparece frecuentemente en los escritos del Mar Muerto, producidos por la comunidad esenia de Qumrán. Los esenios entendían que Melquisedec era como un ángel divino que proclamaba libertad. Creían que tenía autoridad para juzgar y poderes sobrehumanos. También afirmaban que llevaba a cabo funciones especiales en la corte celestial y que podía hacer actos prodigiosos para salvar a las personas justas.

Es fácil comprender cómo la comunidad cristiana interpretó a Melquisedec como prototipo de Cristo. Era un «rey de justicia y de paz». Era tanto «rey» como «sacerdote». La celebración de la llegada de Abraham con «pan y vino» evoca la comunión o eucaristía. El texto no afirma que haya muerto. Del mismo modo, los esenios lo veían como un ser celestial que vivía ante el trono de Dios, pero que también podía actuar a favor de la humanidad. Tanta coincidencia llevó a la comunidad cristiana a afirmar la conexión entre Jesús y Melquisedec.

El v. 7 da un ejemplo del ministerio de intercesión de Jesús. En una de las pocas alusiones a la experiencia del Getsemaní que encontramos fuera de los evangelios, Hebreos recuerda cómo Jesús clamó «ofreciendo ruegos y súplicas con gran clamor y lágrimas al que le podía liberar de la muerte». El texto afirma que Dios escuchó la oración de Jesús porque éste era piadoso y reverente.

Los vv. 8 y 9 retoman la idea de la «pedagogía del sufrimiento». Tanto aquí como en 2.10, Hebreos afirma que Jesús se purificó o se perfeccionó por medio del sufrimiento. La forma más sencilla de interpretar estos pasajes es reconociendo que los seres humanos podemos aprender de las experiencias dolorosas que trae la vida. La idea de que el sufrimiento puede ser un maestro o pedagogo se recalca en 12.5–11.

El v. 9 se refiere a Jesús como el «autor de eterna salvación». La palabra griega que se traduce como «autor» en este versículo es distinta a la aparece en 2.10 y 12.2. La traducción más adecuada es «fuente de salvación», tal como dice la Versión Popular.

En todo caso, los vv. 9 y 10 resumen las ideas principales del pasaje afirmando que Jesús, quien ha llegado ante la presencia misma de Dios, es ahora el Sumo Sacerdote que intercede por la humanidad. Su sacerdocio es diferente, pues Jesús no tiene las limitaciones que tenían los descendientes de Aarón. Jesús es sacerdote para siempre «según el orden de Melquisedec» (v. 10).

Sugerencias para la predicación y la vida

Este pasaje sugiere varios temas para la púlpito y para la cátedra cristiana. El primero, tomado de Hebreos 4.14–16, es la solidaridad divina. A pesar de nuestros muchos pecados y de nuestras muchas faltas, Hebreos afirma que Dios desea relacionarse con la humanidad. Como indicamos en la exposición del capítulo 2, Hebreos entiende que existe un abismo entre la humanidad pecadora y el Dios santo. La cruz es el puente que salva la distancia y nos permite tener acceso a la presencia de Dios. Las personas quienes deseen predicar sobre este tema encontrarán recursos para abordarlo en la sección sobre Hebreos 2.5–18.

La nota particular de 4.14–16 es que Jesús puede compadecerse de la humanidad porque durante su ministerio terrenal fue tentado «en todo». En griego, la frase «en todo» tiene carácter absoluto. Por lo tanto, el texto afirma que Jesús conoce todas las tentaciones que caracterizan la experiencia humana. La diferencia es que Jesús no cedió a tentación alguna, logrando vencer todas y cada una de ellas. El texto implica que, por medio de la fe, los creyentes podemos compartir su victoria sobre la tentación. Podemos vencer porque Jesús venció.

Estas ideas teológicas pueden ser abordadas desde el púlpito en sermones que hablen de la victoria de Jesús sobre el pecado y de su solidaridad con la humanidad pecadora. Recalque que podemos compartir la victoria sobre las fuerzas de la muerte. Cuando predique sobre este tema, no se limite a atacar los pecados personales o individuales. Jesús también venció sobre los «principados y potestades» que causan los pecados sociales, tales como la explotación económica, la violencia institucional y la discriminación contra personas de grupos minoritarios. No limite el poder del evangelio a la esfera privada.

Hebreos 5.1–3 continúa exponiendo el tema de la solidaridad, esta vez aplicada al sumo sacerdocio. La característica básica de un Sumo Sacerdote era su naturaleza humana. Por ser un hombre pecador, podía comprender a la humanidad perdida y pecadora. Jesús era hombre y era divino. En términos teológicos, era el Dios-humano, el «theo-anthropos». De haber sido sólo Dios, nunca hubiera podido comprendernos. De haber sido sólo humano, nunca hubiera tenido el poder para derrotar a las fuerzas del mal. Sin embargo, su doble naturaleza como «verdadero Dios de verdadero Dios...quien por nosotros y nuestra salvación se hizo humano» (como dice el Credo Niceno) le capacita para ser un Sumo Sacerdote superior a Aarón y a sus descendientes.

Este pasaje bíblico es la base perfecta para un sermón doctrinal sobre la doble naturaleza de Jesucristo. Podría titular tal mensaje «El Dios humano» o «El rostro humano de Dios».

Este pasaje también recalca que Dios fue quien nombró a Jesús como Sumo Sacerdote para interceder en favor de la humanidad y salvarla (véase 5.4–6 y 5.10). Esto nos lleva a considerar el trabajo misionero de Dios. En realidad, la iglesia no tiene misión propia. La misión es de Dios. El Dios misionero es el que ha enviado a su Hijo para salvar a la humanidad. Dios llama a la iglesia a colaborar y a facilitar la misión divina. Pero no debemos engañarnos, la misión no es nuestra, sino que es de Dios.

Finalmente, Hebreos 5.1–10 deja clara la superioridad de Cristo sobre Aarón. El texto implica que el sistema de salvación por medio de sacrificios queda superado. Ahora bien, ¿ha superado nuestra iglesia el sistema sacrificial? Tal parece que no. Los creyentes nos negamos a aceptar la salvación que Dios nos ofrece por pura gracia y nos esforzamos por alcanzarla por nuestros propios méritos. En algunas tradiciones, la gente hace promesas, caminan de rodillas largos trechos y pagan por la celebración de servicios religiosos en memoria de seres queridos. En otras tradiciones, la gente ve la asistencia a la templo, la donación de diezmos y la abstención de diversos elementos como cualidades que llevan a la santidad. En ambos casos, los creyentes corren el peligro de ver estas prácticas como sacrificios que acumulan méritos ante Dios y que llevan a la salvación.

Del mismo modo, la sociedad «sacrifica» a algunas personas en beneficio de otras. La economía de mercado libre afirma que el desempleo es necesario para nivelar los salarios de los obreros. Los economistas dicen que el sufrimiento de las personas que no tienen empleo es parte del «costo social» de la economía neoliberal. Las políticas militaristas sacrifican soldados en batallas, invadiendo países donde sacrifican a los civiles que puedan estar cerca de los objetivos que ellos deseen atacar. Los políticos dicen que estas muertes son inevitables y que forman parte del «daño colateral» de la guerra.

En respuesta a estas prácticas, Hebreos dice: «¡No!». Dios no desea sacrificios humanos. Dios no necesita que usted camine medio kilómetro de rodillas, ni que ayune 40 días seguidos ni mucho menos que mueran niños que en un campo de batalla. Recuerde que el sacrificio de Jesús es el único necesario; la muerte de Cristo es el sacrificio para acabar con todos los sacrificios.

Tercera sección: El sumo sacerdocio de Jesucristo

(5.11–10.39)

Esta es la sección central de la Epístola a los Hebreos, donde se expone su tema principal: el sumo sacerdocio de nuestro Señor Jesucristo. Es la sección más importante de todo el documento, dado que es su el eje teológico.

Al igual que las otras secciones de la epístola, esta combina pasajes doctrinales con exhortaciones a perseverar en la fe. En este caso, comienza con una exhortación a avanzar hacia la madurez espiritual (5.11–6.20) y termina con una exhortación a perseverar en la fe aun en medio de las adversidades (10.19–39).

Tras la exhortación (5.11–6.20), el pasaje contiene tres partes doctrinales. Estas son:

1. 7.1–28: Explica la afirmación de que Jesucristo es Sumo Sacerdote de una manera nueva, de acuerdo al orden de Melquisedec. Por lo tanto, desarrolla la idea que el texto introdujo en 5.10.

2. 8.1–9.22: Presenta a Jesús como el mediador del nuevo pacto. Aquí encontramos una larga discusión donde el autor juega con la palabra griega «diathéke», que se puede traducir como «pacto» y como «testamento». Además, el texto considera el proceso que le asegura al sacerdote su posición delante de Dios. Cristo ha llegado a la presencia de Dios gracias a un sacrificio de un género nuevo, que le ha conferido la «perfección». El estudio de esta sección requiere conocimiento del sistema sacrificial levítico del Antiguo Testamento.

3. 9.23–10.18: Ofrece una explicación teológica del sacrificio de Jesús. El texto presenta a Jesús como Sumo Sacerdote y a la vez como víctima. El sacrificio de Cristo es de una eficacia perfecta para el perdón de los pecados y para la santificación de los creyentes.

4. 10:19–39: La sección termina con una exhortación a la perseverancia.

Nótese, pues, que toda esta sección (5.11–10.39) explica y desarrolla las ideas teológicas que Hebreos introduce en 4.14–16. De este modo, queda claro que Hebreos tiene un tema central: el sumo sacerdocio de Jesús.

A. Advertencia contra la pereza (5.11–6.20)

Hebreos 5.11–6.20 ocupa una posición clave en la estructura de la epístola. Los capítulos anteriores han presentado dos temas importantes. Jesús se presenta como aquel que es superior a los ángeles (1.1–2.18) y como el Sumo Sacerdote fiel y compasivo (3.1–5.10). Los capítulos siguientes explicarán con detalle la complicada doctrina del sumo sacerdocio de Cristo (7.1–10.25).

El pasaje del 5.11 al 6.20 es una exhortación que desde el principio le advierte a la audiencia que el tema a tratar será difícil. Al mismo tiempo, la desafía, afirmando que para crecer en la fe es necesario dejar atrás las enseñanzas básicas, pasando a estudiar las doctrinas más profundas.

Este pasaje se divide en dos partes. La primera se extiende desde 5.11 hasta 6.12 y trata sobre la condición espiritual de la comunidad cristiana que recibió la carta. A juicio del autor, los oyentes están estancados en su desarrollo en la fe (5.12). Esto le da pie para hablar sobre el crecimiento en la fe (5.11–6.3) y el peligro de la apostasía (6.4–12). La sección está claramente definida por el uso de la palabra «perezoso» en el 5.11 y en el 6.12. Nótese, además, la imagen tomada de la naturaleza que se emplea en Hebreos 6.7–8 para hablar del peligro de volver atrás.

La segunda parte abarca 6.13–19. Este pasaje señala que hay «dos cosas inmutables» (6.18a) que dan solidez a la esperanza cristiana. Éstas son el carácter de Dios (6.13) y el juramento que Dios ha hecho

(6.17). El pasaje tiene, además, dos características literarias particulares. Primero, en Hebreos 6.13–18 hay un argumento de menor a mayor: Si los seres humanos juran por uno superior a ellos, con más razón Dios puede jurar por sí mismo. Segundo, en 6.19 encontramos otra imagen náutica: La promesa es el «ancla» del alma.

Los vv. 19–20 resumen el argumento, retoman el tema del sumo sacerdocio (5.11) e introducen así el capítulo 7.

Comentario versículo por versículo

Hebreos 5.11 comienza indicando que los miembros de su audiencia se han vuelto «tardos para oír» o, como traduce la versión popular, «lentos para entender». Esta frase es la traducción del vocablo griego «nôthrós», que significa indolente, lento y perezoso. En el 6.12, tanto RVR como la DHH, traducen la misma palabra como «perezoso». La palabra griega «nôthroí» resume todo el problema religioso y moral que enfrentaba la comunidad. El peligro era caer en la indolencia, en la pereza, en la despreocupación, en la indiferencia total. La indiferencia es el primer paso hacia la apostasía. Uno de los aportes más importantes de esta sección de la epístola es afirmar la relación íntima entre la «pereza» y la «apostasía».

Hebreos describe, pues, a una comunidad cristiana que está estancada en su desarrollo espiritual. A pesar de llevar varios años en la fe, en lugar de ser maestros son como niños que toman «leche» espiritual (5.12). La «leche» es una metáfora que usa Hebreos—al igual que Efesios y 1 Pedro—para referirse a rudimentos de la doctrina cristiana, esto es, a las enseñanzas más sencillas de la fe. Estos rudimentos se enumeran en 6.1–2. A juicio del autor, la audiencia debería estar comiendo «alimento sólido» (5.12), es decir, las enseñanzas más profundas de la fe.

Juan Calvino, comentando este pasaje, dijo que las personas que recibieron la carta eran como adultos que no sabían escribir, porque no conocían el alfabeto. Por lo tanto, la idea principal de este pasaje es que la falta de conocimiento doctrinal impide el desarrollo espiritual de los creyentes.

En 5.13–14 encontramos la teoría educativa de Hebreos. Aquí se compara el desarrollo espiritual con el desarrollo físico. El texto presenta dos etapas en el desarrollo espiritual del creyente. La primera, es la infancia espiritual: el nuevo creyente es como un bebé que se alimenta de leche, es decir, de las doctrinas más sencillas. Siendo infante, el nuevo creyente es inexperto en el fe y necesita aprender los rudimentos—el A-B-C—de la fe.

La segunda etapa es la madurez espiritual. En algunos versículos del pasaje encontramos la palabra «perfección». El hecho es que ambas palabras traducen el mismo vocablo griego. La palabra «téleios» quiere decir «madurez» o «perfección». Es la palabra que se usaba para indicar que una fruta ya estaba lista para comer. Por lo tanto, aquí ser «perfecto» no implica no tener pecados o no cometer errores. Lo que implica es que la persona ha alcanzado la edad adulta en términos espirituales.

De acuerdo al texto, las personas maduras en la fe comen «alimento sólido». El manejo de doctrinas profundas adiestra al creyente para discernir entre el bien y el mal (5.14). Esto implica que el desarrollo espiritual agudiza el juicio crítico, nos lleva a desarrollar nuestro carácter moral y aumenta nuestra capacidad para la reflexión ética.

Después de explicar la dos etapas básicas del desarrollo espiritual, Hebreos exhorta a su audiencia a avanzar hacia la madurez o a la perfección (6.1). Esta es la exhortación central de Hebreos, que llama a la audiencia a superar la mediocridad y caminar, tanto por el esfuerzo personal como por la acción de la palabra, hacia la «madurez» o «perfección». La madurez es pues, una metáfora que resume la totalidad de la vida cristiana.

Todo esto deja claro que la madurez es la meta del desarrollo espiritual. Los creyentes no debemos retroceder a la infancia, volviendo a los rudimentos o las primeras enseñanzas de la fe. El texto explica en el 6.1–2 cuáles son estas enseñanzas básicas. Aquí se presentan tres pares de doctrinas que se refieren al pasado, al presente y al futuro del creyente.

Las doctrinas más elementales del cristianismo son el arrepentimiento y la fe, y se refieren al pasado del creyente. Es decir, se supone que todo creyente se ha arrepentido y ha aceptado el mensaje de la fe cristiana. El segundo par de doctrinas son el bautismo y la imposición de las manos (que aquí es sinónimo de recibir el Espíritu Santo). Estos rituales capacitan al creyente para vivir de día en día su fe. Estas doctrinas se refieren al presente de la vida cristiana. El tercer par de doctrinas son la resurrección y el juicio y se encuentran en el futuro de Dios para la humanidad.

De manera un tanto atrevida, en 6.3 el autor de Hebreos se rehúsa a repasar el contenido de las doctrinas básicas e indica que en el resto de su epístola le dará alimento sólido a su audiencia, hablando de una doctrina avanzada y profunda: la exposición del sumo sacerdocio de Cristo (7.1–10.25).

En 6.4–6 el texto explica por qué es tan importante perseverar en la fe: la apostasía es un pecado irremediable. El texto afirma que es «imposible» restaurar a las personas que niegan la fe después de haber sido «iluminadas», es decir, bautizadas. Este es un principio teológico y pastoral que el autor de Hebreos presenta como una piedra angular de su epístola. El creyente se encuentra ante una disyuntiva definitiva: vivir en la fe o vivir fuera de la fe. Hebreos 6.4–6 implica, pues, que si una persona ha confesado su fe mediante el bautismo; ha aceptado el don de la salvación; ha recibido el don del Espíritu Santo; ha escuchado y estudiado la palabra de Dios; y ha comenzado a comprender el carácter de la nueva vida en Cristo, dicha persona debe permanecer firme ante los ataques del pecado.

La frase «sean otra vez renovados para arrepentimiento» (6.6) quiere decir, pues, regresar a la situación anterior al pecado o volver a colocar al creyente caído donde antes estaba. Si después de gustar las bendiciones divinas una persona reniega de su fe en Dios y de su fe en la obra del Señor Jesucristo, ¿qué alternativas quedan? De manera hiperbólica, el texto indica que es imposible volver a crucificar a Jesucristo sólo para restaurar a una persona que ha menospreciado su sacrificio.

Nótese que tanto Hebreos 6.6 como 10.29 describen las terribles consecuencias de la apostasía. El apóstata que reniega de la santificación en Cristo, se une a quienes ofendieron a Jesús precisamente en el momento que ofrecía su sangre por la salvación de ellos y la de todo el mundo. Estos pasajes, por el tono, las expresiones y el sentido, son perfectamente paralelos.

Los vv. 4–6 tienen gran fuerza retórica, ya que cierran la puerta a la apostasía. La audiencia ni siquiera debe pensar en la posibilidad de dejarse caer para volver después a la fe. En resumen, negar a Cristo no es opción.

En 6.7–8 el texto usa una imagen tomada de la agricultura para recalcar su mensaje. Aquí encontramos un claro paralelismo de contraste. La tierra que produce buen fruto recibe bendiciones de parte de Dios. Sin embargo, la que produce espinos y frutos malos se quema. El fuego convierte las plantas inservibles en abono que, con el tiempo, renueva la calidad del terreno. La implicación del texto es clara: quienes niegan la fe enfrentarán el «fuego» de la ira de Dios.

En este punto, el autor ofrece algunas palabras de aliento (6.9–12). Asegura estar convencido de que las personas quienes escuchan su mensaje permanecerán fieles a Dios (6.9). De hecho, en este versículo les llama «amados» por primera y última vez en toda la epístola. El autor afirma que Dios es justo y que tomará en cuenta todo lo que los receptores de la carta han hecho a favor de la fe de Jesucristo (6.10). Sin embargo, reafirma su advertencia contra la pereza (6.12), expresando su deseo de que todos sus oyentes alcancen la salvación (6.11).

La segunda sección de nuestro pasaje comienza en 6.13, donde encontramos una referencia a las promesas que Dios le hizo a Abraham (6.13–14). Este es el comienzo de un argumento de menor a mayor que compara el juramento divino con los juramentos que hacen los seres humanos. Si bien las personas juran por algo o alguien mayor que ellas (6.16), Dios no puede jurar sino por sí mismo. Hebreos indica que Dios juró por dos cosas «inmutables» (6.18), es decir, que no pueden cambiar. La primera es Dios mismo (6.13) y la segunda es su palabra o promesa (6.17). La idea central del pasaje es que los creyentes podemos tener seguridad de salvación. En cierto modo, este pasaje define a las personas cristianas como aquéllas que se han refugiado en Dios para asir con fuerza la esperanza ofrecida.

En 6.19 la idea de la seguridad se recalca por medio de una imagen tomada del mundo de la navegación. El texto compara la fe con un ancla. De forma un poco abrupta, el versículo cambia la metáfora y habla de la entrada de Jesús al lugar santísimo. En 6.20 el texto nos recuerda dos ideas mencionadas anteriormente. La primera es que Jesús es el «precursor» de nuestra fe y la segunda es que Jesús es Sumo Sacerdote según el orden de Melquisedec. La idea de que

Jesús es el «precursor» o «autor» de nuestra fe aparece en 2.10 y en 5.9 y reaparecerá en 12.1–2. La doctrina del sumo sacerdocio de Jesús según el orden de Melquisedec aparece en 5.5–10 y reaparecerá en el capítulo 7.

Sugerencias para la predicación y la vida

Hebreos 5.11–6.3 sugiere tres puntos importantes relacionados al tema de la educación cristiana.

El primero es que el crecimiento espiritual pasa por varias etapas. El texto indica claramente que hay, por lo menos, dos etapas en el desarrollo cristiano. En cada etapa, las necesidades del cristiano son distintas. Es tarea de la iglesia responder efectivamente a estas necesidades.

Los programas de educación cristiana de nuestras iglesias locales son una manera de responder a estas inquietudes. De ahí, la necesidad de organizar la escuela bíblica en la forma más efectiva posible. De ahí se desprende, además, la necesidad de proveer educación teológica de nivel superior para las personas que necesitan alimento más sólido.

La segunda idea es que el crecimiento en la fe requiere la enseñanza de doctrinas avanzadas. Los Hebreos estaban estancados en su desarrollo cristiano. El miedo y la persecución que sufrían los tenían paralizados. Por esta razón se habían quedado en los rudimentos de la fe, sin avanzar a enseñanzas más profundas. Sin embargo, el predicador no se queda en la «leche espiritual». Por el contrario, les habla de la doctrina del sumo sacerdocio de Cristo. La razón es sencilla: sólo con alimento sólido se supera la anemia espiritual.

Esta actitud presenta un gran desafío. Hay creyentes en nuestras iglesias que también están estancados en su crecimiento. No podemos tomar esto como excusa; no podemos mantenerles tomando leche. Es necesario tratar temas más profundos en la escuela bíblica dominical, en el estudio bíblico y en la predicación. Como creyentes, tenemos la obligación de dedicarnos al estudio y de tratar de profundizar en las doctrinas cristianas. Sólo así podremos superar el estancamiento.

Debe quedar claro que al hablar de «profundizar» en la fe, nos referimos al estudio de las enseñanzas centrales del cristianismo, tales como las doctrinas sobre Dios, Cristo, el Espíritu Santo, la salvación, la santificación, la iglesia, la santa comunión, el bautismo y el final de los tiempos, entre otras. «Profundizar» no significa memorizar detalles bíblicos, tales como los nombres de los reyes de Israel o la organización de las tribus israelitas cuando peregrinaban por el desierto. Conocer esos detalles, aunque puede ser interesante, no nos ayuda a madurar en la fe. Del mismo modo, «comer alimento sólido» tampoco requiere que prestemos atención a ideas religiosas extrañas. Por ejemplo, algunas personas se creen más espirituales porque practican el yoga o porque conocen principios del budismo. Otras se creen superiores porque conocen los temas que puedan estar «de moda» en los púlpitos evangélicos, tales como la prosperidad o las maldiciones. Conocer estas ideas tampoco nos ayuda a crecer en la fe. La persona que no conoce las doctrinas básicas de la fe cristiana está raquítica espiritualmente, por más ideas religiosas extrañas que pueda manejar.

La tercera idea es que el crecimiento en la fe capacita para vivir de manera responsable en el mundo. Hebreos 5.14 deja claro cuál es el propósito del crecimiento: capacitar al creyente para distinguir entre lo bueno y lo malo. Esto plantea dos preguntas importantes: ¿Qué es la educación cristiana? y ¿Cuál es el propósito de la misma?

Para muchos la educación cristiana es la mera transmisión de conocimiento. Esta es una definición rígida que presenta al maestro como el «experto» que ofrece contenidos a los estudiantes «inexpertos». Sin embargo, Hebreos sugiere que la educación cristiana es la capacitación del creyente para vivir de manera distinta; para vivir conforme a los valores del Reino de Dios. Esta es una definición práctica y dinámica que sugiere crecimiento, que nos llama a desarrollarnos hasta llegar a ser «adultos». Por lo tanto, el propósito de la educación cristiana es el desarrollo de agentes morales responsables. Es decir, el propósito de la educación cristiana es que cada creyente pueda obtener la madurez necesaria para tomar decisiones correctas sobre la base de los valores del Reino.

La advertencia solemne que comienza en 6.4 trata el tema de la apostasía. Durante el primer siglo, la apostasía era un peligro constante. Esto se debía, en parte, al hostigamiento constante que la iglesia primitiva recibía de las autoridades civiles y religiosas. Hoy la comunidad cristiana todavía sufre hostigamiento y persecución. Tal fue el caso de un ministro suramericano que se opuso a un grupo que deseaba establecer un prostíbulo en el barrio donde se encontraba la iglesia, sólo para ver a su hijo menor secuestrado y finalmente asesinado por los criminales.

Este pasaje puede servir como base a un sermón donde la persona que predique explore la definición del término «apostasía» y las diversas maneras como la iglesia es hostigada y perseguida hoy. Un sermón sobre este punto puede llamarse «¡Resistan!»

Otro aspecto del tema de la apostasía es su conexión con la pereza y la indolencia. Este puede ser otro tema que inspire un sermón. El predicador o la predicadora puede explorar las diversas manifestaciones de la pereza y explicar por qué puede llevarnos a negar nuestra fe.

Una tercera opción es desarrollar un sermón que contraste la madurez y la apostasía. En cierto sentido, esta opción resume el mensaje de Hebreos. La epístola afirma que las personas creyentes deben madurar en la fe. Los creyentes perezosos que permanecen toda la vida en la etapa de la infancia espiritual corren el peligro de caer en la apostasía.

Otra idea es hablar del tema de la seguridad de salvación, basando el sermón en 6.19. La imagen de la fe como el ancla del alma puede servir como base de un sermón que reafirme la fe de los oyentes. Sería interesante unir esta imagen náutica con la que aparece en 2.1–4. Aquel texto compara a las personas que niegan a la fe con un barco que se va a la deriva. Al unirlo a este pasaje, completamos la idea. Para no apartarse de la fe, es necesario anclar el barco. El creyente cuya fe está anclada con firmeza en la fe de Jesucristo, no se irá a la deriva jamás.

B. Jesús, Sumo Sacerdote según el orden de Melquisedec (7.1–28)

El capítulo 7 de Hebreos explica en detalle lo que el autor quiere decir al afirmar que Jesús es Sumo Sacerdote según el orden de Melquisedec. Aquí comienza la exposición central de Hebreos: La doctrina del sumo sacerdocio de Cristo (7.1–10.25). Este capítulo, pues, ofrece las definiciones claves para entender el argumento central de la carta.

lo se divide en cuatro partes principales:
Presenta la figura de Melquisedec, recordando Génesis
20.

2. 7.4–10: Afirma la superioridad de Melquisedec sobre Leví. La idea es que Leví se encontraba en potencia en Abraham, quien fue su antepasado. Por lo tanto, en Abraham, Leví «pagó diezmos» a Melquisedec, reconociendo así la superioridad de su sacerdocio.

3. 7.11–19: La imperfección del sacerdocio levítico hace necesaria la creación de un nuevo orden sacerdotal: el orden de Melquisedec.

4. 7.20–28: Finalmente, se afirma la superioridad del sacerdocio de Cristo, el Sumo Sacerdote según el orden de Melquisedec.

Nótese que el texto hace referencia al Salmo 110.4 en los vv. 11, 15, 29, 24 y 28. Además, lo cita directamente en los vv. 17 y 21.

Comentario versículo por versículo

En este pasaje Hebreos comienza a desarrollar su tema central: el sumo sacerdocio de Jesucristo. El autor finalmente explica por qué ha dicho en tres ocasiones anteriores (5.6; 10; 6.20) que Jesús es sacerdote de acuerdo a un nuevo orden, el orden de Melquisedec.

El lector o la lectura recordará que ya presentamos a Melquisedec, explicando quién era y cómo se empleó su figura en el pensamiento judío, cuando discutimos Hebreos 5.1–10. Baste decir aquí que Melquisedec (v. 1) es un personaje que aparece en Génesis 14.18–20. De acuerdo a dicho pasaje, Abraham le dio los diezmos del botín obtenido cuando ganó la batalla para liberar a Lot, su sobrino, de los reyes invasores (Gn. 14.1–17). Con el tiempo, Melquisedec se convirtió en un personaje místico, mencionado tanto en el Salmo 110.4 como en los escritos de la comunidad esenia de Qumrán, que lo esperaba como libertador.

Hebreos 7.1 evoca el pasaje de Génesis, describiendo a Melquisedec como rey de una ciudad llamada «Salem» (v. 1). Se cree que este es el nombre antiguo de la ciudad de Jerusalén. En todo caso, la palabra «salem» proviene de la misma raíz que la palabra «shalom», que quiere decir paz. Este versículo no sólo lo describe como rey, sino que le asigna funciones sacerdotales. Melquisedec «bendice» a Abraham, una tarea digna de un sacerdote, no de un rey.

En respuesta, Abraham reconoce la autoridad espiritual de Melquisedec y le presenta los diezmos del botín ganado en batalla (v. 2). Esto coloca a Melquisedec en un plano espiritual muy alto, como el sacerdote que estaba sobre Abraham, el padre de la fe israelita y, por lo tanto, cristiana (compare con Ro. 4).

Usando una técnica de exégesis rabínica, Hebreos analiza el significado del nombre «Melquisedec». Correctamente, el texto indica que ese nombre quiere decir «mi rey es justicia» (v. 2), pues en hebreo la palabra «meleq» quiere decir «rey» y la palabra «tsedaca» quiere decir «justicia». Esto lleva al autor a concluir que Melquisedec era tanto «rey de paz» («salem») como de «rey de justicia». De este modo, el autor comienza a establecer la semejanza entre Melquisedec y Jesucristo.

La comparación continúa en el v. 3, cuando describe a Melquisedec como una persona «sin padre, sin madre, sin genealogía; que ni tiene principio de días, ni fin de vida, sino hecho semejante al Hijo de Dios, permanece sacerdote para siempre». Esta extraña afirmación se basa en otra idea común en el pensamiento judío. Los rabinos entendían que ciertos personajes del Antiguo Testamento no habían conocido la muerte, porque fueron transpuestos a los cielos (como Enoc y Elías) o porque el texto sencillamente no describía su muerte. Este último es el caso de Melquisedec. Esto explica, pues, por qué los esenios de Qumrán esperaban su regreso; se espera el regreso de alguien que está vivo, no el retorno de un muerto.

En el v. 4 comienza un argumento de menor a mayor. Este versículo recalca que Abraham presentó ofrendas ante Melquisedec, lo que indica claramente que lo veía como una persona con una autoridad espiritual superior. El v. 5 recuerda que el pueblo israelita presentaba sus diezmos y ofrendas a «los hijos de Leví». Esta es una referencia a los sacerdotes israelitas, quienes provenían de la tribu de Leví. El versículo también recuerda que los sacerdotes, como el resto de los israelitas, eran descendientes salidos «de los lomos de Abraham». Por lo tanto, los levitas ya estaban representados—en potencia—en Abraham.

El v. 6 indica que Melquisedec no era israelita, pero que aun así recibió las ofrendas de Abraham. También lo bendijo, a pesar de que Abraham era quien había recibido las promesas divinas (véase Gn. 12.1–3). Esto prepara el terreno para la afirmación que aparece en el v. 7: «el menor es bendecido por el mayor». Por lo tanto, Melquisedec es mayor que Abraham.

El v. 8 afirma con claridad la idea sugerida en el v. 3: Melquisedec vive. Esto lo hace superior a los sacerdotes y levitas de Israel. De manera similar, los vv. 9 y 10 aclaran la idea sugerida en el v. 5: en Abraham, los sacerdotes y levitas presentaron ofrendas ante Melquisedec, reconociendo así que tenía una autoridad espiritual superior.

Así Hebreos llega a una afirmación sorprendente en el v. 11: el sacerdocio levítico era imperfecto y, por lo tanto, ineficaz. Si hubiera sido efectivo, Dios no hubiera enviado a Jesucristo, su hijo, a reemplazar el sistema sacerdotal judío. Tampoco hubiera sustituido el orden levítico por el de Melquisedec. Esta es una afirmación sorprendente porque el Antiguo Testamento afirma que «la ley de Jehová es perfecta» (Sal. 19.7). Al atacar el sistema sacerdotal, Hebreos está destruyendo uno de los pilares de la fe de Israel, creado por la ley revelada por Dios a Moisés en el desierto.

Este ataque frontal a la ley mosaica es transparente en el v. 12, donde se afirma que es necesario un cambio de ley. La ley y el sacerdocio estaban tan relacionados que un cambio de sacerdocio implica un cambio de ley (v. 12). Nótese que el autor ve la ley como una serie de regulaciones para el mantenimiento de la relación de Israel con Dios. El texto bosqueja las limitaciones del sistema sacerdotal en los capítulos 9 y 10. Este versículo abre paso a ideas que Hebreos presenta más adelante, tales como la afirmación de que Jesús es el mediador de un nuevo y mejor pacto (7.22; 8.6, 13; 9.15; 12.24).

El cambio en la ley explica por qué una persona que proviene de otra tribu puede ejercer el sacerdocio (vv. 13–14). Como sabemos, Jesús proviene de la tribu de Judá, no de la de Leví. Su derecho al sumo sacerdocio no se basa en su herencia o en su nacimiento, sino en su obra salvífica como «rey de paz y justicia» según el orden de Melquisedec.

El autor de Hebreos usa el Salmo 110.4 (v. 17) para probar que
Jesús ejerce su sumo sacerdocio de acuerdo al patrón establecido por
Melquisedec en Génesis 14. Allí no se habla de su origen ni de su
muerte, como vimos en el v. 3. Por su parte, el Salmo—interpretado
en clave mesiánica—se entiende como una referencia a la victoria de
Jesús sobre las fuerzas de la muerte. De este modo, Hebreos afirma
que Jesús llegó a ser Sumo Sacerdote para siempre sobre la base del
poder de una «vida indestructible» (v. 16). Esta última expresión se
entiende mejor como una referencia a la resurrección de Jesús y a
su exaltación celestial. Jesús actuó claramente como Sumo Sacerdote
cuando se ofreció como sacrificio perfecto por nuestros pecados.
Pero era necesario que volviese a la vida para actuar como sacerdote
para siempre, sirviendo en el santuario celestial, a la diestra de Dios
(compare con 8.1–2).

Los vv. 18–19 recalcan la ineficacia de la ley, idea introducida
originalmente en el v. 11. El «mandamiento anterior» es la ley que
establece el sacerdocio levítico sobre la base de una adecuada línea
de antepasados y una pureza física. Era «ineficaz e inútil» porque la
muerte impedía que aquellos sacerdotes pudieran permanecer en sus
funciones (v. 23) y su propia debilidad hacía continuamente necesario
que ellos sacrificaran por sus propios pecados así como por los
pecados del pueblo (v. 27). El autor afirma que la ley antigua fracasó
en su intento de perfeccionar a la humanidad y que, en respuesta,
Dios provee una «mejor esperanza» (v. 19), por medio de la cual la
humanidad tiene libre acceso a Dios. Por lo tanto, Dios ha creado un
nuevo orden sacerdotal en respuesta a la ineficacia de la antigua ley.

El v. 20 introduce una nueva idea: Dios constituyó a Jesús como
Sumo Sacerdote por medio de un juramento solemne. La base para
esta idea se encuentra en el Salmo 110.4, texto que se cita una vez más
en el v. 21: « Juró el Señor y no se arrepentirá». Este es otro punto de
contraste entre Jesús y los sacerdotes levitas, ya que éstos últimos no
fueron ordenados por medio de un juramento divino.

Dado que la confianza de Dios en Jesús fue tan grande que hasta
interpuso un juramento, el v. 22 afirma que Dios le ha confiado a
Jesús un «nuevo pacto». Jesús es el que da la confianza, la garantía
de la veracidad del nuevo pacto. La idea de un «nuevo pacto» no es

nueva, ya que aparece en varias partes del Antiguo Testamento. Por ejemplo, Jeremías 31.27–40, Ezequiel 16.60–63 y Joel 2.28–32.

El v. 23 vuelve a contrastar la mortalidad de los sacerdotes levitas con el triunfo de Jesús sobre las fuerzas del pecado y de la muerte. Los sacerdotes levíticos mueren, razón por la cual no pueden ejercer un sumo sacerdocio perpetuo. Sin embargo, gracias a su victoria sobre las fuerzas de la muerte, Jesús ejerce su sacerdocio «para siempre, tiene un sacerdocio inmutable» (v. 24). Por lo tanto, Jesús puede «salvar perpetuamente a los que por él se acercan a Dios, viviendo siempre para interceder por ellos» (v. 25). La idea de «acercarse» o «venir» a Dios es una de las afirmaciones teológicas principales de Hebreos (compare con 4.16; 7.19; 10.1, 22; 11.6; 12.18, 22). El ministerio sacerdotal de Jesús se extiende de manera perpetua, por la eternidad.

Ya cerca de la conclusión de esta unidad, en los vv. 26 y 27 el autor se detiene a considerar las cualidades que acreditan a Jesús como Sumo Sacerdote. La lista es impresionante. El texto afirma lo siguiente sobre Jesús:

> «Porque tal Sumo Sacerdote nos convenía: santo, inocente, sin mancha, apartado de los pecadores, y hecho más sublime que los cielos; que no tiene necesidad cada día, como aquellos sumos sacerdotes, de ofrecer primero sacrificios por sus propios pecados, y luego por los del pueblo; porque esto lo hizo una vez para siempre, ofreciéndose a sí mismo».

Los adjetivos «santo, inocente, sin mancha» (v. 26) recuerdan que Jesús no cometió pecado (4.15). También explican por qué su sacrificio fue perfecto y, por lo tanto, no necesita ser repetido. La frase «apartado de los pecadores» (v. 26) indica que Jesús permaneció obediente a Dios durante una vida de pruebas. Como Sumo Sacerdote sin falta, se sacrificó por los pecados del pueblo de Dios «una vez para siempre, ofreciéndose a sí mismo» (v. 27; compare con 9.14). Esto explica exactamente cómo Jesús obró la «purificación» (1.3) o pudo «expiar los pecados del pueblo» (2.17). Nótese el énfasis sobre la naturaleza definitiva del sacrificio de Jesús tanto en este versículo como en 9.12, 26, 28 y 10.10.

Las cualidades excepcionales de Jesús le acreditan como Sumo Sacerdote de un orden superior al levítico. Esto se resume en el

v. 28, que concluye esta unidad afirmando que Jesús es el Hijo de Dios y Sumo Sacerdote «perfecto», para siempre. De esta manera, el texto establece de manera definitiva la superioridad de Jesús y de su sacrificio sobre la debilidad del sacerdocio levítico.

Sugerencias para la predicación y la vida

Veamos sólo tres de las muchas ideas que Hebreos 7.1–28 sugiere para la predicación y la vida. La primera es que Melquisedec es un «tipo» o «figura» de Cristo. La historia de Melquisedec puede ser la base para un sermón expositivo, destinado principalmente para líderes y personas maduras en la fe. El mensaje de Hebreos 7 no es para neófitos. Podemos examinar la vida de Melquisedec, haciendo referencia a los pasajes del Antiguo Testamento donde se le menciona. Entonces, siguiendo la pauta de Hebreos, podemos presentarlo como el pionero de una nueva casta sacerdotal, casta a la cual también pertenece Jesucristo.

Otra manera de usar la figura de Melquisedec para presentar el mensaje cristiano es por medio de los títulos que tiene. Hebreos dice que Melquisedec era «Rey de Salem» y su nombre quiere decir «mi rey es justo». Podemos afirmar que Melquisedec anunció de manera anticipada el ministerio de Jesucristo, quien es el verdadero rey de paz y de justicia.

Claro está, los términos «paz y justicia» deben tratarse de manera adecuada. No cometamos el error de aplicarlos sólo a la vida espiritual o a la experiencia personal de cada creyente. Cristo no sólo busca la paz de nuestras almas, sino la paz de la sociedad. Cristo no sólo desea justificarnos ante Dios, sino que desea que actuemos con justicia en todas nuestras relaciones sociales. Cristo, como rey de paz y justicia, debe gobernar sobre toda la sociedad, combatiendo y, eventualmente, eliminando la explotación del ser humano por el ser humano y del ser humano por instituciones del mal.

El segundo tema es el poder de Jesús para salvar y para santificar al ser humano. De acuerdo al v. 16, Jesucristo es Sumo Sacerdote por «el poder de una vida indestructible». Esta hermosa frase resalta el poder de Jesús—el Hijo de Dios—para perdonar pecados, para salvar al ser humano y para santificar al creyente. En términos simples, el mensaje de este complicado capítulo es que Jesucristo, por medio de su sacrificio perfecto, puede liberarnos del problema del pecado de un modo que no podían hacerlo el sacerdocio levítico ni la ley de Moisés. El lenguaje de la salvación aquí implica la liberación de la alternativa, que es el juicio de Dios (compare con 2.1–4; 9.27, 28; 10.26–31). Esto explica por qué el texto afirma que, por medio del Evangelio, tenemos una esperanza mejor, por medio de la cual podemos acercarnos a Dios.

Podemos usar la frase «el poder de una vida indestructible» como título para un sermón expositivo que explique la obra de Jesucristo a la luz de las enseñanzas de Hebreos. Aquellas personas que deseen diseñar un sermón más tradicional, pueden hacer un bosquejo cuyo cuerpo tenga tres puntos: El poder de Jesucristo para perdonar pecados, el poder de Jesucristo para salvar a la humanidad y el poder de Jesucristo para santificar al creyente.

El tercer tema es la idea de un nuevo pacto. Como ya indicamos, este es uno de los temas de los escritos proféticos del Antiguo Testamento. Sencillamente, Hebreos afirma que el sacrificio de Jesucristo ha inaugurado ese nuevo pacto anunciado por Jeremías y por Ezequiel. Hebreos continuará hablando sobre el nuevo pacto en los capítulos 8 al 10. Baste decir aquí que la frase «nuevo pacto» es una metáfora hermosa, que recalca la esperanza. Si hoy nuestra vida es dolorosa, Dios nos da la oportunidad de cambiarla. Podemos transformar nuestra vieja manera de vivir, entrando en un nuevo pacto, convenio o alianza con Dios. Para el creyente, pues, el futuro está siempre abierto.

C. Jesús, el Sumo Sacerdote perfecto (8.1–9.22)

El pasaje que nos ocupa explica la insuficiencia del orden sacerdotal antiguo, preparando así el camino para afirmar la superioridad de Cristo. Hebreos 8.1–9.22 continúa la exposición central de Hebreos: La doctrina del sumo sacerdocio de Cristo (7.1–10.25). Aquí, se presentan las ideas básicas que permitirán afirmar la superioridad del Hijo, en la parte final de la exposición central.

Este pasaje se divide en tres partes principales:

1. 8.1–13: Presenta la superioridad del ministerio de Cristo y del nuevo pacto.

2. 9.1–10: Este pasaje recalca las limitaciones del orden sacerdotal antiguo.

3. 9.11–22: Finalmente, el texto reafirma la superioridad de la sangre de Cristo y del nuevo «pacto» o «testamento».

En términos literarios, este texto forma parte de un «quiasmo», es decir, es un texto que organiza sus ideas de manera concéntrica. Algunos de temas principales del pasaje se «repiten» más adelante. Por ejemplo, 8.1–9.10 dice lo siguiente sobre el orden sacerdotal israelita:

a) El nivel en que se efectuaba el culto antiguo (8.4–5)

b) El pacto que estaba ligado al culto (8.7 y 13)

c) La organización concreta de este culto (9.1–10).

Y luego, en orden invertido, el texto explica cómo Jesús supera a las instituciones antiguas:

c') El desarrollo del sacrificio de Cristo (9.11–14)

b') El fundamento del nuevo pacto (9.15–17)

a') El nivel alcanzado por Cristo (9.24–28)

Hebreos 8.1–9.22 cita varios pasajes del Antiguo Testamento:

1. 8.5: Hace alusión a Éxodo 25.40.

2. 8.8–10: Cita Jeremías 31.31–34.

3. 9.20: Cita Éxodo 24.6–8.

Finalmente, el texto desarrolla un elaborado juego de palabras en 9.15–18. Aquí se manejan los conceptos «pacto» y «testamento». Estos conceptos son traducciones de la misma palabra griega: «diathéke».

Comentario versículo por versículo

El texto indica claramente que hemos entrado a la sección principal del escrito, pues declara que va a exponer su «punto principal» (8.1). El texto explica en qué sentido y de qué manera Cristo llegó a la «perfección» que fundamenta y caracteriza su sacerdocio. En cierto modo, esta sección desarrolla la idea que presenta Hebreos 5.9: Jesús «habiendo sido perfeccionado, vino a ser autor de eterna salvación para todos los que le obedecen».

De acuerdo al v. 1, Jesús es «nuestro» Sumo Sacerdote y está sentado «a la diestra del trono de la Majestad en los cielos». Es decir, Jesús está ante la presencia de Dios. Como vimos en el capítulo 2, Jesús es el primer ser humano que ha llegado a tal lugar, abriendo paso para el resto de la humanidad. Como vimos en los capítulos 5 y 7, Jesús pudo abrir el acceso a Dios porque era totalmente humano y totalmente divino: su fuerza vital y su obediencia perfecta abrieron el camino a la salvación.

Jesús ejerce su ministerio sacerdotal en el santuario divino. El texto lo describe como el «ministro» (en griego «leitourgós») que ministra en el verdadero «tabernáculo» de Dios (8.2). Nótese que Hebreos se refiere al tabernáculo que Israel levantó en el desierto, no al templo de Jerusalén. Es importante notar que el texto recalca que el santuario «verdadero» está en los cielos, idea que se desarrolla en los vv. 4 y 5.

El v. 3 indica algo obvio: que los sacerdotes ofrecen sacrificios a favor del pueblo y que necesitan «algo» que sacrificar. Esta frase, que parece tan inocente, presenta la pregunta, «¿Qué sacrificó Jesús?». La respuesta se ofrece más adelante, cuando se indica que ofreció su propia sangre (9.12).

Podemos entender el v. 3 como un texto «apologético», es decir, un texto que intenta defender la fe cristiana ante sus críticos. En el mundo antiguo, tanto judíos como romanos criticaban al movimiento cristiano porque no ofrecía sacrificios, ni tenía templos, ni ordenaba sacerdotes. Hebreos responde afirmando que la fe cristiana tiene todos estos elementos, pero no como realidades terrenales sino como realidades espirituales, en los cielos, ante la presencia de Dios.

Para comprender los vv. 4 y 5 es necesario recordar que los griegos creían que las ideas perfectas existían solamente en el «cielo». Las cosas «terrenales» era una copia inferior de los modelos celestiales. Esta idea se encuentra, por ejemplo, en la analogía de la cueva, avanzada por Platón, el filósofo griego. Platón afirmaba que la humanidad era como un hombre encadenado a la entrada de una cueva, mirando hacia adentro. Tal hombre no tendría la oportunidad de ver la realidad, que se encuentra fuera de la cueva. Sólo vería las sombras de las personas, los animales y los objetos que caminaran cerca de la entrada a la cueva. El problema es que, con el tiempo, este hombre encadenado llegaría a pensar que las «sombras» son representaciones verdaderas de las cosas que están afuera, cuando en realidad son imágenes distorsionadas.

Con esto, Platón quería afirmar la existencia del «mundo de las ideas» donde están las formas perfectas de los objetos imperfectos que vemos en el mundo. Hebreos trabaja sobre esta idea y afirma que, en efecto, dicho «mundo de las ideas» es el cielo. Allí se encuentra el «tabernáculo» perfecto que sirvió de modelo al «tabernáculo» que el pueblo de Israel construyó en los tiempos de Moisés. De hecho, el v. 5 cita Éxodo 25.40, pasaje que describe cómo Moisés vio un modelo celestial del tabernáculo al momento de recibir las instrucciones sobre cómo construirlo. Lo novedoso es que Hebreos interpreta este pasaje usando categorías de la filosofía griega. Una vez más, el uso de ideas griegas es apologético, pues intenta defender el movimiento cristiano, particularmente ante el gobierno romano. Los romanos entendían que la fe cristiana era una «superstición», ya que no tenía los elementos que caracterizaban las religiones de la época: templos, sacrificios y sacerdotes.

A partir del v. 6 el pasaje comienza a presentar una cita del libro de Jeremías que «prueba» la veracidad de su argumento. Primero, recalca que el sumo sacerdocio de Jesucristo es mejor que el anterior y que se basa en «mejores promesas» (v. 6). Segundo, recalca que la ineficacia del ministerio levítico creó la necesidad de un nuevo ministerio: el ministerio de Jesús (v. 8). Tercero, el texto cita Jeremías 31.31–34 como el pasaje donde Dios da «mejores promesas» a la humanidad. En su contexto original, este pasaje habla del nuevo pacto que el Señor habría de establecer con el pueblo de Israel cuando éste volviera del cautiverio babilónico. Sin embargo, Hebreos reinterpreta esta porción de Jeremías como una profecía que anticipa y promete el nuevo pacto mediado por Jesucristo.

El concepto más importante que esta cita introduce es «pacto» (v. 9). Esta palabra es la traducción del vocablo griego «diathéke», que también significa «testamento». De este modo, Hebreos introduce el concepto principal que desarrollará en 9.11–22.

Debiera notarse aquí que, en su contexto original, Jeremías habla de un nuevo pacto entre Dios y el pueblo de Israel. No se menciona cómo las personas no judías llegarían a compartir las bendiciones divinas (compare con Gá. 3 y 4; Ro. 9–11). Sin embargo, Hebreos afirma que cualquiera que tenga confianza en Jesucristo y en lo que él ha hecho compartirá las promesas de Dios a su pueblo (3.14; 4.3; 5.9; 7.25).

Algunas de las frases de la cita de Jeremías son muy importantes. Por ejemplo, el pasaje promete que Dios dará tanto el deseo como la capacidad para actuar conforme a su voluntad, al decir «Pondré mis leyes en la mente de ellos, y sobre su corazón las escribiré» (v. 10). Hebreos entiende que Jesús cumplió esta promesa por medio de su obediencia perfecta. Del mismo modo, el pasaje afirma que, por medio del nuevo pacto, «desde el menor hasta el mayor» conocerán a Dios (v. 11). Hebreos entiende que Jesús cumplió esta promesa al proveer el libre acceso a la presencia de Dios (véase 4.16; 7.25; 10.19–22; y 12.22–24).

Al final de la cita de Jeremías, Hebreos aplica el concepto de «pacto» a todo el Antiguo Testamento (v. 13), tomando la totalidad de las escrituras hebreas como un solo «pacto» acordado entre Dios y su pueblo. Por su parte, el «nuevo pacto» se refiere a la salvación alcanzada por medio de Jesucristo. De este modo, Hebreos afirma que era necesario el establecimiento de una nueva forma de relacionarse con Dios que fuera superior al sistema anterior.

En 9.1 comienza una nueva sección donde Hebreos explica en detalle las limitaciones de ese «primer pacto», es decir, del antiguo orden sacerdotal. La primera diferencia es que sus ordenanzas y su santuario eran «terrenales» (v. 1). Recordemos que Jesús ministra en el «santuario celestial» (véase 8.2). Esta afirmación da paso a una descripción del tabernáculo, según aparece en Éxodo 26–27. La idea básica es que el santuario estaba dividido en dos secciones: el lugar santo y el lugar santísimo (vv. 2–3).

Debemos comprender que tanto el antiguo tabernáculo como el posterior templo de Jerusalén estaban organizados usando el concepto de «círculos de santidad». El centro del santuario era el lugar santísimo, donde sólo podía entrar el Sumo Sacerdote una vez al año. El lugar santo era el segundo círculo de santidad y allí sólo podían entrar los sacerdotes. El tercer espacio sagrado era el atrio de los varones, donde sólo podían entrar los hombres israelitas debidamente circuncidados. Después encontramos el atrio de las mujeres, que permitía acceso a todo el pueblo de Israel. El atrio de los gentiles era el espacio más alejado del lugar santísimo, y cualquier persona podía entrar allí.

En los vv. 2–5, Hebreos describe el lugar santísimo, el lugar santo y las reliquias que se encontraban en dichos lugares. El objeto más importante del santuario interior era el arca del pacto. El propiciatorio era la cubierta del arca. Allí se llevaba a cabo el sacrificio en el día de la purificación. El sacerdote rociaba la sangre de los animales sacrificados para obtener el perdón de los pecados (véase Lev. 16.14–17). Los querubines de la gloria que cubrían el propiciatorio indicaban la presencia invisible de Dios (véase 1 S. 4.4 y Ex. 25.17–22). Claro está, la mayor parte de estos objetos sagrados desaparecieron cuando los ejércitos babilonios destruyeron el Templo de Salomón a principios del siglo sexto a.C., a comienzos del exilio babilónico.

El propósito de esta descripción es preparar el terreno para los vv. 6–7, donde se contrasta el acceso diario que tenían los sacerdotes al lugar santo con el acceso limitado que tenía el Sumo Sacerdote al lugar santísimo. El Sumo Sacerdote israelita sólo podía entrar al lugar santísimo durante el día de la purificación con el propósito de ofrecer un sacrificio solemne por los pecados del pueblo. El problema es que, como el Sumo Sacerdote también era pecador, tenía que ofrecer un sacrificio por sus propios pecados antes de ofrecer el sacrificio por todo el pueblo. De este modo, Hebreos recalca las limitaciones humanas de la línea sacerdotal que descendía de Aarón.

Hebreos, entendiendo que el Espíritu Santo está inspirando su interpretación, afirma que el sistema sacerdotal israelita era provisional y tentativo (v. 8). Por lo tanto, los sacrificios del Sumo Sacerdote terrenal no abrieron acceso al verdadero «lugar santísimo», que es la presencia de Dios.

El sistema sacerdotal es ineficaz porque es terrenal y humano; pertenece al «tiempo presente» donde la condición pecaminosa humana hace que todos los sacrificios sean ineficaz (v. 9). No pueden ser efectivos porque están relacionados a prácticas terrenales, tales como la comida, la bebida y las «abluciones», es decir, purificaciones rituales que se llevan a cabo con agua (v. 10).

La buena noticia es que ahora se ha manifestado nuestro Señor Jesucristo, y con él se manifiestan las realidades celestiales y eternas (v. 11). Cristo es «Sumo Sacerdote de los bienes venideros» que ministra en un tabernáculo perfecto «no hecho de manos». Su ministerio no pertenece al mundo creado que perece, sino a la nueva creación que permanece para siempre (compare con 12.22–23 y con Ap. 21.1–22.5).

En el v. 12 Hebreos desarrolla una de sus ideas más radicales. Afirma que Jesús no entró al verdadero «lugar santísimo» (la presencia de Dios) por medio de la «sangre de machos cabríos ni de becerros, sino con su propia sangre». De este modo, Hebreos enseña que Jesús jugó dos papeles centrales en el drama de la salvación. Por un lado, fue el Sumo Sacerdote que ofreció el sacrificio perfecto que le dio acceso «de una vez y para siempre en el Lugar Santísimo» (v. 12). Por otro lado, fue la víctima cuya sangre ofreció a favor de la humanidad. La distinción entre el sacerdote y la víctima queda abolida en la ofrenda de Cristo. Jesucristo es tanto el Sumo Sacerdote como el cordero del sacrificio.

En los vv. 13 y 14 encontramos otro argumento de menor a mayor. Si los sacerdotes terrenales podían usar la sangre de animales para procurar el perdón de los pecados, ¿cuánto más efectiva será la sangre de Cristo? Debemos notar que el v. 14 está construido de forma trinitaria, ya que afirma que Jesucristo ofreció su sangre a Dios «mediante el Espíritu eterno». En cualquier caso, el versículo afirma que el sacrificio de Jesucristo es efectivo para salvar a la humanidad.

A partir del v. 15, Hebreos comienza a explicar en detalle la idea introducida originalmente en 8.6, que Jesús es el mediador de un pacto nuevo y, por lo tanto, mejor. Esta afirmación se basa, primeramente, en la comparación entre el sistema sacerdotal israelita y el sacrificio de Jesucristo (9.1–14). En segundo lugar, el texto introduce una idea nueva: la herencia. Cuando una persona muere, deja un testamento donde lega sus bienes en herencia a su familia. En este caso, quién murió fue Jesús, el Hijo de Dios. Por su solidaridad con la humanidad, Jesús convirtió a los seres humanos en sus hermanos y, por lo tanto, en hijos de Dios. Este punto ya lo discutimos cuando estudiamos Hebreos 2.10–15. Usando un juego de palabras, Hebreos afirma que por medio de Jesús tenemos un nuevo pacto o «testamento», ambas traducciones válidas de la palabra griega «diathéke». De este modo, el pasaje construye la idea de que los seres humanos somos los herederos legítimos de la herencia de Jesús. Dicha «herencia» es el libre acceso a Dios por medio del perdón de los pecados y la creación de un nuevo orden cósmico. Esta metáfora se une a las otras que usa Hebreos para describir la salvación, tales como el «mundo venidero» (2.5), la «Jerusalén celestial» (12.22) y «el reposo para el pueblo de Dios» (4.9), entre otras.

Los vv. 16 y 17 comienzan la explicación detallada de esta idea. Afirman que un testamento no se hace efectivo hasta que muere «el testador», es decir, la persona que dejó el testamento. Este principio podemos verlo hasta en el Antiguo Testamento, donde el primer «pacto» o «testamento» sólo llegó a ser válido cuando el pueblo ofreció la sangre de animales en sacrificio (vv. 18–19).

Para probar su argumento, Hebreos cita Éxodo 24.8 en el v. 20. Esta es una referencia a la ceremonia que menciona Éxodo 24.1–8, donde Moisés roció el altar y al pueblo con sangre de los sacrificios (v. 21), exhortándoles a que obedecieran todo lo que Dios había mandado.

Para finalizar esta sección, Hebreos hace una afirmación que tiene un gran valor teológico: «sin derramamiento de sangre no se hace remisión» (v. 22). Esta idea nos lleva a pensar sobre un problema relacionado a la historia y a la fenomenología de las religiones, «¿Por qué se ofrece sangre en sacrificio?» Esta pregunta tan profunda tiene una respuesta bastante sencilla. La sangre representa la vida. La sangre de animales representa la vida de la persona que adora a Dios. Al ofrecer dicha sangre, se está ofreciendo la vida toda a Dios de manera simbólica. El «punto principal» (compare con 8.1) de esta sección es que Jesús ofreció su propia sangre en sacrificio «vivo, santo y agradable a Dios» (compare con Ro. 12.1–2) por la salvación de la humanidad.

Sugerencias para la predicación y la vida

Por su riqueza teológica, este pasaje sugiere varios temas para la predicación y para la vida cristiana. Exploremos, pues, solamente cuatro de ellos. El primero es el ministerio de Jesús ante la presencia de Dios. De acuerdo al 8.2, Jesús es el «ministro» (en griego, «leitourgós») del santuario divino. No hay que saber hablar griego para darse cuenta que la palabra española «liturgia» proviene de la palabra griega que aquí se traduce como «ministro». La liturgia es el orden o modelo que usa la iglesia para adorar a Dios. Equivocadamente, muchas personas piensan que solo las iglesias que adoran usando libros de oraciones tienen liturgia. Este es un grave error. El hecho es que toda congregación, no importa su estilo de adoración, tiene una liturgia; todo servicio de adoración tiene un orden. Hasta aquellas congregaciones que usan el estilo conocido como «adoración contemporánea» siguen un cierto orden, donde cantan por un largo rato—primero himnos de alabanza y después cánticos de adoración—antes de la predicación. Toda tradición, toda denominación y toda congregación cristiana tienen liturgia.

Dicho esto, Hebreos presenta a Jesús como el «liturgista», es decir, como el director de la adoración a Dios en los cielos. Nótese que Jesús no sólo dirige la adoración, sino que también intercede ante Dios por la humanidad, presentando nuestras oraciones ante el Dios Padre. Esta es una imagen hermosa que bien podemos usar para entender la importancia del culto o para predicar un sermón sobre el tema de la adoración cristiana o sobre el ministerio de la intercesión.

El segundo tema se relaciona con los medios de salvación. Específicamente, Hebreos contrasta la efectividad del sacrificio de Jesucristo con la efectividad del antiguo sistema sacerdotal israelita. Hebreos declara que la salvación provista por Jesús es mejor y más efectiva. La pregunta que se impone es, pues, ¿qué pertinencia tiene esta declaración para nosotros?

De primera intención, podría parecer que el argumento de Hebreos es innecesario. El hecho es que el judaísmo moderno no sacrifica animales, no tiene sacerdotes y tampoco tiene un templo o santuario central. La historia nos enseña que la ciudad de Jerusalén fue destruida por el ejército romano en el año 70 de la era cristiana. Los romanos no sólo destruyeron el templo, sino que también asesinaron a los líderes sacerdotales del pueblo judío. Los únicos grupos relacionados al judaísmo que sobrevivieron la matanza fueron los fariseos y los cristianos. Los cristianos eventualmente se separaron del judaísmo, formando la religión cristiana. Por su parte, los fariseos reformaron el judaísmo, eliminando todo el aparato sacerdotal. Ser judío hoy día requiere el estudio de la ley y los profetas, es decir, los 39 libros que forman la Biblia Hebrea o el Antiguo Testamento. Hebreos dice que el sistema sacerdotal estaba quebrado y que Dios deseaba relacionarse con su pueblo de una forma diferente. Al parecer, los fariseos y sus descendientes pensaban de forma similar.

Ahora bien, cuando uno piensa en este tema un poco más se da cuenta que la humanidad continúa inventando y buscando sistemas religiosos que provean salvación. Algunos buscan la salvación por medio de experiencias religiosas, otros por medio del dinero y aun otros por medio de la violencia. En su búsqueda de la salvación, la gente usa medios como el brujo, el curandero, el doctor, el inversionista y el político. Lo triste es que ninguno de estos medios—como ningún otro medio humano—puede proveer salvación. Jesucristo es el único mediador entre Dios y la humanidad.

El tercer tema se relaciona con uno de los estudiados en la sección anterior: el nuevo pacto. En Hebreos 8.1–9.22 el texto juega con los diversos significados de la palabra «pacto», que en griego también significa «testamento». El texto describe a los creyentes como los beneficiarios de la «herencia» de Jesús. Dicha «herencia» es el camino que ha abierto para nosotros, de manera que podamos superar el pecado y acercarnos a Dios.

En este sentido, cuando Hebreos habla del antiguo y del nuevo «pacto», también está hablando del antiguo y del nuevo «testamento». Hebreos 8.1–9.22 explica por qué la iglesia cristiana llama a la colección de escrituras sagradas hebreas «Antiguo Testamento» y a la colección de escritos sagrados cristianos «Nuevo Testamento». Este pasaje es tan importante que da nombre a las dos secciones principales de la Biblia.

El cuarto tema que emana del texto es la importancia de la sangre de Jesucristo. La declaración central sobre este tema se encuentra en 9.22: «Sin derramamiento de sangre no hay remisión». Hebreos habla sobre este tema en varios lugares: 9.7, 12, 18, 21, 22 y 25; 10.4, 19 y 29; y 12.24. Este tema se presta para un sermón temático, que explore el significado de la sangre como símbolo de la vida y que explore el significado del sacrificio de Jesucristo.

D. La eficacia del sacerdocio de Cristo (9.23–10.18)

En este pasaje se afirma, de manera categórica y final, la superioridad del sumo sacerdocio de Cristo. Aquí concluye la exposición central de Hebreos: La doctrina del sumo sacerdocio de Cristo (7.1–10.25). La sección doctrinal llega hasta el 10.18. En Hebreos 10.19–25 hay una exhortación a acercarnos a Dios con confianza en virtud del sacrificio de Cristo.

Este pasaje tiene dos partes principales:

1. 9.23–28: Afirma que la ley fue una mera «sombra» o «figura» (en griego, «parabolé») de la plena revelación que recibimos a través de Jesucristo. Muchas personas ven este pasaje como un resumen del «plan de salvación» o de las «cuatro leyes espirituales» que determinan la relación entre Dios y la humanidad.
2. 10.1–18: Recalca la ineficiencia del sistema sacrificial sacerdotal y la eficacia del sacrificio de Cristo.

Como el resto de la carta, este pasaje también usa el Antiguo Testamento de manera extensa:

1. 10.5b–7: Cita del Salmo 40.6–8. Este salmo sirve, en parte, como base de la exposición del capítulo 10.
2. 10.16: Aquí se cita Jeremías 31.33.
3. 10.17: Este versículo continúa el anterior, citando Jeremías 31.34.

Comentario versículo por versículo

El v. 9.23 indica que los sacrificios imperfectos del sacerdocio levítico sólo podían purificar las «figuras» terrenales, que son meras copias de las realidades celestiales. Estas «figuras» terrenales incluyen al templo, al altar y a los demás instrumentos utilizados por los sacerdotes israelitas. Sin embargo, para purificar las realidades celestiales era necesario un sacrificio más excelente, el de Jesucristo.

El v. 9.24 aclara el v. 23, indicando que Jesús no entró en un santuario «hecho de mano» humana, sino en el santuario verdadero, esto es, la presencia de Dios en los cielos. Los vv. 9.25–26 desarrollan esta idea. Primero, afirman que Jesús entró una sola vez al verdadero santuario celestial para presentar un solo sacrificio. Segundo, recalcan que

Jesús no ofreció la sangre de animales sino su propia sangre. Tercero, declaran que el sacrificio de Jesús—quien es a la vez el Sumo Sacerdote perfecto y la víctima perfecta—se llevó a cabo una sola vez. Por lo tanto, el sacrificio de Jesucristo es superior a los múltiples sacrificios que presentaban hombres pecadores en un santuario terrenal. El sacrificio de Jesucristo es tan efectivo, que bastó ofrecerlo una sola vez para la salvación de toda la humanidad, por el resto de la historia.

Los vv. 9.27–28 cambian la metáfora. Mientras los versículos anteriores hablan del culto en el templo, éstos hablan de la vida humana. El texto implica que Dios ha «establecido» que los seres humanos mueran una sola vez y después enfrenten el juicio (9.27). Aunque el texto no se refiere directamente a Dios, lo hace de manera indirecta al construir la oración en la voz pasiva. Si «está establecido» que los seres humanos mueran una sola vez, es porque Dios lo estableció así.

En todo caso, el texto compara el sacrificio de Jesucristo con la muerte humana. Del mismo modo que los seres humanos mueren una sola vez, Jesucristo murió una sola vez para «llevar los pecados de muchos» (9.24). Sin embargo, Jesús no sigue muerto. Por el contrario, vive para siempre y volverá «por segunda vez, sin relación con el pecado, para salvar a los que le esperan».

Esta sección (9.23–28) implica que la muerte de Jesús, realizó definitivamente lo que el culto del antiguo pacto no pudo más que anunciar. Por medio de su sacrificio perfecto, Jesús salvó la distancia que separaba al ser humano de Dios, transportando la humanidad al nivel celestial e introduciéndola para siempre en la intimidad de Dios.

Hebreos afirma, pues, que el sacrificio de Jesucristo provee la solución final al problema del pecado. Esto le da un significado solemne al presente. «Hoy» es el día de salvación (compare con 4.7–9). Por otro lado, el énfasis de Hebreos en la efectividad del sacrificio de Jesucristo explica por qué «ya no queda más sacrificio por los pecados» de la humanidad. Jesús murió una sola vez y para siempre. Repetir su sacrificio una segunda vez sería negar la efectividad de su muerte en la cruz. Esto también explica por qué Hebreos indica un poco más adelante en el texto que para los «apóstatas», es decir, para quienes rechazan al Hijo de Dios y su sacrificio, lo único que queda es una «horrenda expectativa de juicio» (10.26–31).

La segunda sección de esta porción bíblica se extiende desde 10.1 al 18. El v. 1 declara que la antigua ley mosaica es ineficaz, ya que no puede «perfeccionar» a las personas que intentan acercase a Dios. El tema de la perfección aparece anteriormente en la epístola, particularmente en 5.11 al 6.20. Allí indicamos que, cuando Hebreos usa este término en referencia a los seres humanos, habla del desarrollo espiritual y de la madurez en la fe. Por lo tanto, 10.1 afirma que la ley de Moisés no puede llevar a una persona creyente a la madurez espiritual.

Ahora bien, ¿en qué se basa el texto para afirmar la ineficacia de la ley de Moisés? Las razones son muchas. En primer lugar, el santuario y el resto de los instrumentos relacionados con el culto del Antiguo Testamento son meras «sombras» o copias del santuario celestial (10.1) que se encuentra en los cielos, ante la presencia de Dios. Segundo, el hecho de que sea necesario repetir los sacrificios indica que su eficacia es limitada (10.1). Si funcionaran adecuadamente, no sería necesario repetirlos. Tercero, los sacrificios no liberan al ser humano del sentimiento de culpa por los pecados cometidos (10.2), ya que es necesario confesar los mismos pecados una y otra vez (10.3). Cuarto, las mismas escrituras hebreas indican que la sangre de animales tales como los «toros y machos cabríos» no puede quitar el pecado (10.4).

Hebreos sostiene su argumento por medio de una cita del Antiguo Testamento, específicamente del Salmo 40.6–8, en los vv. 10.5–7. Hebreos entiende que este salmo es una referencia directa al sistema sacerdotal judío, porque emplea cuatro términos técnicos—sacrificio, ofrenda, holocaustos y sacrificios por el pecado—que describen los distintos tipos de sacrificios ordenados por la ley de Moisés. Los vv. 10.8–10 explican la cita. El Salmo afirma que los «holocaustos» y «expiaciones» son desagradables para Dios (10.8). La palabra «holocausto» se refiere al sacrificio de un animal. Los sacerdotes llevaban a cabo estos sacrificios, degollando al animal, derramando su sangre y quemando parte o toda la carne del mismo. La «expiación» se refiere a los ritos de purificación. Algunos de estos rituales de purificación se llevaban a cabo con agua. Sin embargo, otros requerían que el sacerdote rociara con la sangre del animal sacrificado a la persona que ofrecía el sacrificio y, en ocasiones, hasta algunas de sus pertenencias.

Según Hebreos 10.9, la obediencia a la voluntad divina ha sustituido a los sacrificios de animales. Esta declaración, que podría parecer sorprendente, en realidad proviene de la profecía del Antiguo Testamento. Específicamente, la interpretación que hace Hebreos de este salmo evoca Oseas 6.6: «Porque misericordia quiero, y no sacrificio, y conocimiento de Dios más que holocaustos». Cabe señalar que, según el Evangelio de Mateo, Jesús citó Oseas 6.6 en dos ocasiones. Mateo 9.13 y 11.7. Por lo tanto, lo que encontramos aquí no es una lectura antijudía tanto como una lectura que afirma los valores de las tradiciones proféticas de Israel.

En cualquier caso, Hebreos 10.10 afirma que Dios santifica a la humanidad por medio del sacrificio de Jesucristo. Una vez más, el texto prefiere usar la voz pasiva («somos santificados») para referirse a la acción divina. El texto recalca la eficacia del sacrificio de Cristo indicando que ocurrió sólo una vez.

Los vv. 10.11–14 repiten las ideas que ya estudiamos tanto al hablar de 10.1–4 como en otras secciones de la epístola: los múltiples sacrificios de los antiguos sacerdotes no son tan eficaces como el sacrificio único de Jesucristo. En esta ocasión, el texto presenta esta idea usando las palabras del Salmo 110.1: en 10.12 indica que Jesús se sentó a la diestra de Dios después de ofrecer su sacrificio por la salvación de la humanidad, y en 10.13 afirma que ahora Jesús está esperando la derrota definitiva de sus enemigos. El v. 14 resume las enseñanzas del capítulo—y las enseñanzas de la unidad que comenzó en 7.1—afirmando que Jesús, «con una sola ofrenda hizo perfectos para siempre a los santificados».

Hebreos cita una vez más la profecía de Jeremías 31 para sostener sus ideas. Digo «una vez más» porque Hebreos cita varios versículos de ese pasaje bíblico en 8.8–12. En esta ocasión, Hebreos indica que estas palabras recogen el testimonio del Espíritu Santo (v. 15). En 10.16 el texto cita Jeremías 31.3 y en el 10.17 cita Jeremías 31.4.

Los versículos finales de esta sección afirman, pues, que la profecía de Jeremías se ha cumplido por medio de ministerio, la muerte y la exaltación de Jesús. Por medio de su sacrificio perfecto, ahora los seres humanos podemos entrar en un «nuevo pacto» con Dios (10.16). Ahora gozamos del perdón divino, pues Dios ya no recordará nuestros pecados (10.17). El v. 10.18 concluye de manera triunfante afirmando que cuando hay «remisión» de los pecados, no es necesario ofrecer más sacrificios. La palabra que aquí se traduce como «remisión» es el verbo griego «afíemi», que usualmente se traduce como «perdón». Este verbo se puede traducir como «borrar» o «dejar atrás». Por lo tanto, si los pecados han quedado atrás gracias a la obra de Jesucristo, ya no tenemos que seguir buscando perdón.

Sugerencias para la predicación y la vida

En esta ocasión, veremos dos temas relacionados a Hebreos 9.23–10.18. El primero es el rol que juega Hebreos 9.26 al 28 en la exposición de «las cuatro leyes espirituales», un ejercicio usado para presentar el plan de salvación por medio del evangelismo personal. Este método de evangelización personal ha sido popularizado en la América de habla hispana por la Cruzada Estudiantil y Profesional para Cristo, entre otros grupos. Este ejercicio resume el mensaje evangélico en un «plan» de cuatro puntos o «leyes espirituales», a saber:

1. Dios le ama a usted y tiene un plan maravilloso para su vida.
2. El ser humano es pecador y está separado de Dios, por lo tanto no puede conocer ni experimentar el amor y el plan de Dios para su vida.
3. Jesucristo es la única provisión de Dios para el pecado del ser humano. Sólo a través de Él puede usted conocer a Dios personalmente y experimentar el amor y plan de Dios para su vida.
4. Debemos individualmente recibir a Jesucristo como Salvador y Señor; sólo así podremos experimentar el amor y el plan de Dios para nuestras vidas.

En los tratados, folletos y páginas en el Internet que usan este sistema, cada una de las leyes se fundamenta con textos de prueba tomados de distintas partes de la Biblia. Hebreos 9.26 al 28 es uno de los textos que comúnmente aparece en estos documentos. La pregunta es, pues, ¿por qué?

Muchas personas entienden que este pasaje resume el plan de salvación. Comienzan a leer a mitad del v. 26, exponiendo el sacrificio que Jesús hizo «una vez para siempre» por los pecados de la humanidad.

El v. 27 es clave, ya que habla de la muerte y del juicio de Dios. Este versículo parece sostener, apoyar y hasta probar la veracidad de la segunda ley espiritual. El v. 28 recalca la importancia del sacrificio de Jesucristo y la oferta de salvación por gracia. Además, le añade una nota «escatológica» al proceso, pues habla de la segunda venida de Jesucristo y, por ende, del final de los tiempos.

Debemos reconocer que miles de personas han aceptado a Jesucristo como Señor y Salvador por medio de este ejercicio evangelístico. También debemos reconocer que yo mismo lo usé durante un tiempo y hasta llegué a predicar sermones que exponían las «cuatro leyes espirituales».

Sin embargo, debemos sonar una nota de cautela. Este plan—así como cualquier otro ejercicio evangelístico—reduce la oferta de salvación del evangelio. En lugar de exponer todo el mensaje cristiano, se concentra en estas «leyes». Además, el sistema usa versículos bíblicos fuera de contexto, como «textos de prueba», sin prestar mayor atención al resto de las sagradas escrituras. También recalca el aspecto personal de la salvación, obviando las implicaciones sociales y comunitarias del evangelio de Jesucristo. Finalmente, el mayor peligro de éste y de todo sistema que reduzca el evangelio a «leyes» o «cánones» es su rigidez. Podemos caer en el error de presentar la vida cristiana como una zona de libertad reducida, donde el creyente tiene que vestir una camisa de fuerza ideológica o espiritual.

Por lo tanto, si usted va a usar las cuatro leyes espirituales como método evangelístico o como parte de los puntos principales de un sermón, le aconsejo que las vea como un método más. Balancee estas ideas teológicas, recalcando el aspecto social del evangelio. Déle espacio a la gente para ponderar sus palabras con cuidado y para tomar decisiones libremente. No permita que se vayan pensando que Dios es un juez implacable que sólo desea condenarles. Hable, pues, del amor de Dios demostrado por medio del sacrificio de Jesús.

El segundo tema es la perfección o la madurez espiritual. Hebreos 10.1–18 emplea varias imágenes relacionadas al perdón de los pecados, la purificación espiritual, la redención y la santificación. Para el creyente—que ya no tiene que preocuparse por el sacrificio de animales—estos temas se traducen en un llamado a la «perfección», entendida como la búsqueda de la madurez espiritual.

Ya estudiamos el tema de la perfección cuando hablamos de Hebreos 5.11 al 6.20. Baste decir aquí que este pasaje recalca los aspectos psicológicos del perdón y de la madurez cristiana. Es un hecho que la mayor parte de los seres humanos experimentamos sentimientos de culpa después de actuar de manera indebida o cuando le causamos daño a otra persona. Se supone que ese sentimiento de culpa nos mueva a confesar nuestras maldades, a pedir perdón a quienes sufrieron las consecuencias de nuestros actos y a restituir, de ser posible, el daño causado.

Sin embargo, hay personas quienes viven atormentadas por la culpa. Ni las oraciones ni los actos de restitución parecer tener poder para librarles de la conciencia de pecado. Hebreos tiene buenas noticias para las personas que se encuentran en tales situaciones.

Por un lado, Hebreos nos recuerda que el perdón no depende de nosotros. El único que puede perdonar es la persona ofendida. En este caso, nuestros pecados han ofendido principalmente a Dios. La buena noticia es que Cristo «con una sola ofrenda hizo perfectos para siempre a los santificados» (10.14). Por lo tanto, Dios ya nos ha perdonado.

Por otro lado, Hebreos afirma que el perdón que recibimos por medio del sacrificio de Jesucristo es definitivo: «pues donde hay remisión...ya no hay más ofrenda por el pecado» (v. 10.18). Regocijémonos, pues, sabiendo que Dios nos perdona «de una vez y para siempre». Y si Dios nos ha perdonado, vivamos libres de toda culpa.

E. Exhortación a acercarse a Dios (10.19–39)

Este pasaje contiene una advertencia contra la apostasía y un llamado a perseverar en la fe. Es una sección que sirve de conclusión a la exposición de la doctrina sobre el sumo sacerdocio de Cristo (7.1–10.18). Al mismo tiempo, la referencia a las pruebas y tribulaciones que ha experimentado la comunidad cristiana a la que se dirige la carta sirve de base al capítulo 11, donde se habla de los héroes de la fe.

El pasaje trata sobre el «libre acceso y la confianza» (en griego «parresía», vv. 19 y 35) que la humanidad ha recibido a través de la obra sacerdotal de Cristo. El texto expone dos consecuencias importantes de esta nueva confianza. Por un lado, nos da acceso a Dios (vv. 19–22). Por otro, nos da fuerzas para perseverar ante la adversidad hasta recibir la promesa (v. 35).

Nótese que este pasaje es uno de los pocos textos donde Hebreos ofrece pistas para entender el contexto histórico de la carta. El texto sugiere que la comunidad que recibió esta epístola estaba siendo hostigada por las autoridades a causa de su fe (10.32–34).

Este pasaje se divide en tres partes principales:

1. 10.19–25: Exhorta a los creyentes a acercarse a Dios por medio del «camino vivo y nuevo» abierto por Jesús, nuestro Sumo Sacerdote.
2. 10.26–31: Ofrece otra advertencia contra la apostasía, similar a 2.1–4, 6.4–8 y 12.25. El texto descansa en un argumento de menor a mayor: si los israelitas que violaron la ley fueron castigados, con más razón serán castigados aquellos quienes rechacen el evangelio de Jesucristo (10.32–34).
3. 10.32–39: Exhorta a la audiencia a perseverar en la fe, tal y como ellos mismos lo hicieron en los momentos pasados donde fueron hostigados por su fe (10.32–34).

Otra vez, las citas del Antiguo Testamento son vitales para el desarrollo de las ideas presentadas en esta sección:

1. 10.30: En este versículo encontramos dos citas que provienen de Deuteronomio 32.35 y 36.
2. 10.37–38: Aquí hay una cita directa de Habacuc 2.3–4.

Comentario versículo por versículo

La primera parte (vv. 19–25) presenta la idea central del pasaje: ya que a través de la obra sacerdotal de Cristo tenemos libre acceso a Dios, acerquémonos a él. Así se resume el mensaje de la carta, estableciendo a su vez el fundamento teológico para la exhortación de vv. 22–25. Los puntos más importantes del resumen son: primero, que la humanidad tiene libre acceso (en griego «parresía») a la presencia de Dios sobre la base de la obra salvífica de Cristo (v. 19). Segundo, Jesús es el pionero que nos ha abierto el camino a Dios por medio de su encarnación

(v. 20). Tercero, Jesús es el Sumo Sacerdote para todo el pueblo de Dios (v. 21).

Esta parte también hilvana cuatro elementos teológicos fundamentales. Estos son: 1) la acción de Jesucristo como Sumo Sacerdote, salvador e intercesor (v. 21); 2) la fidelidad de Dios en sus promesas (v. 23); 3) nuestra purificación por medio del bautismo que evoca el lavamiento con la sangre de Cristo (10.22); y 4) nuestra esperanza constante (v. 23).

Hebreos 10.19 afirma que por medio de la sangre de Jesús la humanidad tiene entrada al santuario celestial. Del texto se desprende que Cristo ha suprimido las barreras entre Dios y la humanidad. Ya no existen las separaciones. No obstante, la entrada en el santuario se relaciona con nuestra propia purificación. Entrar en el santuario es sinónimo de dar culto al Dios vivo. La purificación posibilita la adoración y nos capacita para dar culto verdadero al Dios vivo.

Para entender mejor esta sección debemos comprender el significado de la palabra griega «parresía» y del concepto «Lugar Santísimo». La palabra traducida aquí como «libre acceso y confianza» se refiere a la capacidad para hablar con libertad, diciendo todo lo necesario. Se refiere, además, a la libertad que tenían los ciudadanos para hablar con libertad y franqueza ante una corte o ante la asamblea de ciudadanos. Hebreos usa el término para expresar el derecho de los creyentes a acercarse a Dios (3.16; 4.16 y 10.19) y para confesar su fe, testificar y predicar con franqueza.

La palabra que se traduce como «Lugar Santísimo» quiere decir, literalmente, «de los santos» (en griego «hagión»). Como vimos en la discusión del capítulo 9, se refiere a la parte más íntima del templo y debe entenderse como una metáfora que describe la presencia de Dios. En el Antiguo Testamento la única persona que podía entrar al Lugar Santísimo era el Sumo Sacerdote (Lev. 16.2). Jesús, nuestro Sumo Sacerdote, ha entrado en lo más íntimo del templo de Dios que está en los cielos, para ofrecer el sacrificio definitivo por los pecados (10.12). Puesto que según Hebreos (2.10–18; 4.15 y 6.20) Jesús es el representante de toda la humanidad ante Dios, el texto implica que en Cristo toda la humanidad ha entrado a la presencia de Dios. Por lo tanto, el texto sugiere que los creyentes se han convertido en una comunidad sacerdotal gracias a la obra de Cristo. Esta idea también aparece en 1 Pedro 2.4 y 9 y en Apocalipsis 1.6 y 5:10. En su origen, proviene de Éxodo 19, el pasaje que describe cómo Dios estableció su pacto con el pueblo de Israel por medio de Moisés. El v. 6 de aquel pasaje afirma que los israelitas serán «un reino de sacerdotes» para Dios. De este modo, Hebreos—junto con las otras referencias a ese pasaje que aparecen en el Nuevo Testamento—afirma que la promesa antigua se cumple en Cristo.

En los vv. 22–25 hay una triple exhortación: El texto nos llama a acercarnos a Dios (v. 22), a mantener firme la confesión de nuestra esperanza (v. 23), y a exhortarnos mutuamente al amor y a las buenas obras (v. 24).

El texto expresa la exhortación a acercarnos a Dios en lenguaje cúltico, es decir, en términos que evocan la adoración a Dios en el Antiguo Testamento. Afirma que el creyente tiene que ser purificado, tal como los sacerdotes israelitas se purificaban rociándose con agua (Ex. 29.21) y tomando un baño ritual antes de entrar al santuario (Ex. 29.4). Para el creyente, esta purificación con agua ocurre por medio del bautismo. Esta exhortación tiene por lo menos dos implicaciones para la comunidad cristiana. En primer lugar, aclara lo que se había sugerido en los vv. 19–21, que la comunidad de creyentes es una comunidad sacerdotal que tiene libre acceso a dónde anteriormente sólo el Sumo Sacerdote tenía acceso. En segundo lugar, el bautismo es el medio por el cual la fe cristiana expresa el significado de la redención. Como hemos sido «purificados», Dios ya no recuerda nuestros pecados pasados (compare con 10.17).

El v. 25 llama a la audiencia a congregarse con regularidad para adorar a Dios. El servicio de adoración es un acto de fe, donde la comunidad cristiana confiesa su esperanza en Dios y practica el amor mutuo. La asistencia a las reuniones es a la vez signo y apoyo de una fe auténtica, firme y constante. En cambio, dejar de congregarse para adorar a Dios es señal de un corazón incrédulo, que se aísla y se aleja de la comunidad que afirma la fe y predica la salvación. Abandonar la comunidad cristiana es señal de debilidad en la fe.

La segunda exhortación es un llamado a mantenernos firmes en la confesión de fe. Si tomamos el v.22 como una referencia al bautismo, el v.23 puede ser una alusión a la confesión de fe que hacía el candidato al bautismo antes de recibir las aguas. En todo caso, el texto se refiere a la reafirmación de los puntos básicos de la fe. En el v. 23, la confesión se describe como «la profesión de nuestra esperanza». Esto conecta el término «esperanza» con dos temas adicionales que también aparecen en Hebreos. Por un lado, al hablar de «confesión», se relaciona la esperanza con la adoración. En la adoración, la comunidad alaba a Dios y se acerca a él en oración. En cierta manera, a través de la adoración la comunidad cristiana disfruta, en forma anticipada, de la vida en el Reino de Dios. Por lo tanto, la adoración muestra nuestra esperanza y la pone en acción. Adorar a Dios, particularmente en momentos de angustia y sufrimiento, es una manera de perseverar en la esperanza cristiana. En segundo lugar, ya que la confesión se relaciona con lo que la persona cree, en la confesión de fe, la esperanza se relaciona con la fe. En cierto modo, esto anticipa la definición de fe que ofrece Hebreos 11.1.

La tercera exhortación llama a la comunidad a animarse mutuamente al amor y a las buenas obras. Ser miembro de la comunidad cristiana implica un compromiso con el resto de las personas que forman parte de la iglesia. La vida cristiana requiere que vivamos en mutualidad, ya que la fe tiene aspectos comunitarios. Aquí se exhorta a los creyentes a cumplir con el pacto de amor que une a la iglesia. En este punto, el amor y las buenas obras se describen como los medios para cuidar los unos de los otros. Este aspecto comunitario de la exhortación se ve más claramente en el v. 25, que anima a los creyentes a congregarse regularmente para adorar. Vivir en la fe significa vivir en comunidad, no en aislamiento.

La segunda parte (vv. 26–31) de Hebreos 10.19–39, recalca los efectos negativos que tiene la apostasía. Este es un tema que Hebreos ya ha tocado en 2.1–4 y en 5.11–6.20. En este caso, el texto toma la forma de un argumento de menor a mayor. El argumento es sencillo: si la persona que violaba la ley de Moisés era castigada, con más razón será castigada la que desprecie el sacrificio de Cristo. El v. 26 habla de un pecado para el cual ya no quedan más sacrificios. Este pecado se describe como voluntario (v. 26). Esta advertencia contra el pecado voluntario o deliberado es problemática. Para entender este texto debemos ir a Números 15.25–31, donde se distingue entre el pecado que se comete por error y el voluntario o deliberado. Números 15.30 al 31 dice:

> «Mas la persona que hiciere algo con soberbia, así el natural como el extranjero, ultraja a Jehová; esa persona será cortada de en medio de su pueblo. Por cuanto tuvo en poco la palabra de Jehová, y menospreció su mandamiento, enteramente será cortada esa persona; su iniquidad caerá sobre ella».

El texto compara este pecado para el cual «ya no queda más sacrificio» (v. 26) con una de las faltas que conllevaban una condena a muerte en el Antiguo Testamento. Estos pecados capitales requerían que dos o tres testigos (v. 28) hablaran en contra de la persona acusada antes de que la misma pudiera ser condenada a muerte. Por ejemplo, Deuteronomio 17.6 dice: «Por dicho de dos o de tres morirá el que hubiere de morir; no morirá por el dicho de un solo testigo.» En Deuteronomio, el pecado capital que se condena es la idolatría, es decir, abandonar la fe en el Dios de Israel para ir y servir a dioses ajenos (Dt. 17.2–3).

En Hebreos, el pecado capital es la apostasía, la idolatría y el «volver atrás». La apostasía es el rechazo total y radical de la salvación de Dios. En este caso, el texto no se refiere a la persona que abandona la comunidad cristiana por unas cuantas semanas a causa de padecimientos, temores o dudas. No. Hebreos habla de una apostasía conciente, premeditada, pertinaz, constante y maliciosa.

El v. 29 describe este terrible pecado usando tres imágenes gráficas y hasta repulsivas. Abandonar la fe para servir a ídolos es como pisotear a Cristo; es como tener por inmunda su sangre; y es como insultar al Espíritu Santo. Los verbos «pisotear» y «afrentar» subrayan la gravedad de la apostasía. El ultraje se dirige precisamente al que con su sangre santificó al mismísimo ofensor. La alusión a la sangre santificadora de Cristo tiene en Hebreos una fuerza propia (compare con 9.12 y 10.19). Este lenguaje dramático pone de relieve la gravedad de la apostasía: El apóstata está en un estado de rebelión constante.

La tercera y última parte (vv. 32–39) del pasaje exhorta a la comunidad a perseverar con confianza. Es necesario perseverar hasta obtener la promesa. Es necesario perseverar en el presente, de la misma manera como las personas que recibieron la carta resistieron pruebas en el pasado. Queda claro que la congregación a la que se dirigió originalmente esta carta padecía persecución, aflicción y opresión (vv. 32–33a). Esto ocurrió «después de haber sido iluminados», es decir, poco después de su bautismo. En cierto modo, el bautismo marca el punto de partida del combate contra las fuerzas del mal.

El texto habla, pues, de dos épocas en la vida de la iglesia. La primera es el pasado que se «recuerda» y la otra es el presente. La evocación del pasado se da en dos niveles. Por un lado, detalla los padecimientos sufridos durante la persecución (10.32–34). Por otro lado, explica por qué los creyentes pudieron resistir los padecimientos que trajo la represión. La comunidad cristiana sabía que tenía una «mejor y perdurable herencia en los cielos» (v. 34).

Lo interesante es que, en medio de todos estos sufrimientos, expresaron su solidaridad y su amor con otros creyentes que también estaban padeciendo pruebas similares (vv. 33b–34a). En el pasado, supieron enfrentar con gozo situaciones muy duras, sabiendo que no tenían intereses invertidos en el presente orden, ya que esperaban el orden nuevo que Dios había de revelar por medio de su Hijo (v. 34b). De este modo, llegamos al pasaje que expresa claramente el propósito de Hebreos 10.19–39:

> «No perdáis, pues, vuestra confianza, que tiene grande galardón; porque os es necesaria la paciencia para que habiendo hecho la voluntad de Dios, obtengáis la promesa».
>
> Hebreos 10.35–36

El propósito de esta sección es, pues, dar aliento y esperanza a una iglesia que sufre. Es animarles de manera que puedan utilizar la confianza recibida por medio del sacrificio de Jesucristo para perseverar con paciencia en el camino que lleva a la madurez en la fe. En este caso, una mejor traducción para la palabra «paciencia» sería «perseverancia militante». El texto, pues, nos llama a resistir los ataques de las fuerzas de la muerte, perseverando en la fe.

Sugerencias para la predicación y la vida

Este pasaje bíblico sugiere, por lo menos, tres temas para la reflexión y la predicación. Estos son la renovación de la adoración, la ética de la vida cristiana, y la perseverancia esperanzada.

Los vv. 19–25 sugieren una nueva forma de ver la adoración. En vez de ser un medio de buscar la salvación personal, la adoración en Hebreos es una forma de participar en la «esperanza». Es decir, es una manera de disfrutar aquí y ahora de las realidades futuras que esperamos aunque todavía no las vemos (compare con 11.1). La adoración es un medio de participar anticipadamente en el Reino de Dios. La adoración, de acuerdo a este pasaje, también implica mutualidad, es decir, la adoración debe ser llevada a cabo en comunidad. La adoración implica amistad, compañerismo, tolerancia, cuidado mutuo y amor entre los miembros de la comunidad. Hebreos no reduce el culto a la participación en un servicio de adoración, sino que amplía el concepto para abarcar toda la vida de fe y amor en el nuevo pacto.

¿Cómo se compara este concepto de adoración con lo que ocurre en América Latina y en las comunidades hispanas en los Estados Unidos? Con tristeza, debemos aceptar que muchos creyentes tienen un concepto individualista de la adoración. En nuestro pecado, buscamos una iglesia que «nos llene» y donde la gente sea «a nuestra imagen y semejanza». Buscamos congregaciones donde la gente piense igual que nosotros, donde la gente comparta nuestros valores y hasta nuestro nivel social y económico. Esto nos lleva a preguntar, ¿no estaremos creando un nuevo «ídolo»? ¿Acaso el individualismo y la intolerancia se impondrán por encima del compañerismo y el cuidado mutuo? En un contexto eclesial donde las congregaciones se dividen continuamente, donde la confesión de fe en Jesucristo ha sido sustituida por la ideología correcta para determinar quién es hermano en la fe, y donde la gente deja de congregarse, creyendo que la radio y la televisión evangélica pueden sustituir a la comunión de los santos, ¿cómo enfrentarnos al concepto de adoración de Hebreos? Hebreos nos lanza un desafío, llamándonos a recuperar el aspecto comunitario de la adoración.

Hebreos 10.19–39 también nos habla de la ética de la vida cristiana. Si en Cristo la humanidad ha logrado acceso a Dios, entonces la comunidad cristiana es una comunidad sacerdotal que ha sido santificada por la presencia del Señor. Esta santificación, lejos de ser un estado puramente espiritual, es una condición que debe demostrarse en forma práctica: Debemos demostrar la santidad en la práctica del amor y las buenas obras (v. 24); en la disciplina y el compañerismo cristiano (v. 25); y en la solidaridad, el cuidado y el consuelo de la persona que sufre (vv. 32–34).

El tema de la ética también se une al del juicio de Dios, que tocan los vv. 26–31. Si abandonar la fe es el pecado definitivo para el cual no hay más sacrificio, entonces la iglesia tiene la tarea de formar nuevos creyentes de tal manera que alcancen la madurez en la fe. Recordando el lenguaje de una de las exhortaciones anteriores, Hebreos llama a la iglesia a darles alimento sólido a los nuevos creyentes (5.14).

Lo que es más, es necesario formar a los creyentes no sólo en la doctrina sino también en la ética y la moral para que ejerzan su juicio crítico de manera adecuada y no caigan en pecados que los alejen de Dios. Esto es así dado que el juicio de Dios es algo real (vv. 30–31). Si bien es necesario predicar que Dios es amor, también necesitamos predicar el juicio divino. De otro modo, presentaremos una imagen falsa de Dios. Ahora bien, ¿cómo predicar sobre el juicio de Dios en contextos sociales donde la guerra, la violencia, las desapariciones, la muerte, el hambre y, en fin, las injusticias forman parte de la vida diaria? Hebreos nos llama a formar el carácter moral del creyente por medio de la predicación responsable del juicio de Dios.

Finalmente, encontramos el tema de la perseverancia esperanzada. ¿Cómo puede la comunidad cristiana enfrentarse a las dificultades de la vida diaria? ¿Cómo enfrentar las calumnias, la cárcel y el despojo (vv. 33–34)? Hebreos responde que hay que resistir el mal con paciencia y con esperanza (vv. 35–36). Ahora bien, «paciencia» no quiere decir pasividad y poco ánimo. ¡Todo lo contrario! El texto nos llama a perseverar en la fe, enfrentando las dificultades con el ánimo que proporcionan el amor de los hermanos y la esperanza de un nuevo orden. En este sentido, Hebreos nos llama a resistir el mal con esperanza, porque «nosotros no somos de los que retroceden para perdición; sino de los que tienen fe para la preservación del alma» (10.39).

Cuarta sección:
La perseverancia
(11.1-12.13)

L a cuarta sección de la Epístola a los Hebreos es relativamente corta. Sin embargo, contiene las porciones bíblicas más conocidas de toda la carta.

La sección se compone de dos pasajes bíblicos. El primero trata el tema de la fe (11.1–40). Este pasaje no sólo ofrece una definición del concepto «fe» (11.1–3) sino que también resalta el ejemplo de fe dado por personajes del Antiguo Testamento y del período «intertestamentario» (es decir, del tiempo transcurrido entre la redacción del último libro del Antiguo Testamento y el comienzo del ministerio de Jesús).

El segundo pasaje presenta a Jesús como el ejemplo perfecto de perseverancia (12.1–3). Basado en este ejemplo, el autor de la carta llama a la audiencia a perseverar en la fe y a derivar enseñanzas espirituales de los sufrimientos que puedan enfrentar (12.1–13).

En términos literarios, Hebreos 11 se distingue por el uso de la frase «por la fe» cada vez que el autor presenta un nuevo ejemplo de fidelidad. Esta es una técnica literaria que se conoce como «anáfora», que consiste en la repetición de una palabra, frase, oración o estrofa inicial para crear un efecto poético o retórico.

Por su parte, Hebreos 12.1–13 se distingue por el uso de una metáfora deportiva y la organización de sus ideas de manera concéntrica (usando la técnica literaria llamada «quiasmo»). Estos detalles literarios se explican en detalle al comienzo del comentario de cada sección.

A. La fe (11.1–40)

Sin duda alguna, el undécimo capítulo de Hebreos es el pasaje más conocido de toda la epístola. En él encontramos varios ejemplos de héroes y heroínas de la fe que nos deben servir de ejemplo en nuestra carrera cristiana.

El tema central del pasaje es la fe. Este término es la palabra clave que asegura la transición entre 10.39 y 11.1. El capítulo 11 se caracteriza por el uso de la palabra «fe», que se repite en esta sección como un estribillo. Además, el autor ha creído conveniente añadir una inclusión entre el comienzo y el final, recogiendo en la última frase (11.39–40) las palabras «fe» y «recibir testimonio» utilizadas al comienzo (11.1–2).

Hebreos 11 se enmarca en un contexto particular. El texto se encuentra después de la exhortación a la perseverancia de 10.32–29 y antes de 12.1–3. Si consideramos que en el 10.39 se dice que los oyentes no son «de los que retroceden para perdición», podemos decir que en Hebreos 11 se nos dan ejemplos claros—tomados del Antiguo Testamento—de hombres y mujeres de fe que no retrocedieron en los momentos difíciles. En unión a esto, podemos decir que estos mismos creyentes son los que componen la «grande nube de testigos» de la que habla Hebreos 12.1–2.

Este capítulo se divide en tres partes principales:

1. 11.1–3: Aquí encontramos el prólogo del capítulo, donde se define lo que es la verdadera fe en Dios.
2. 11.4–38: En estos versos se ofrece la lista de los héroes de la fe.
3. 11.39–40: En el epílogo del capítulo, se afirma nuestra solidaridad básica con estos héroes de la fe.

Aunque este capítulo está lleno de referencias a historias del Antiguo Testamento, no hay citas directas en el mismo.

Comentario versículo por versículo

El capítulo 11 de Hebreos comienza con un prólogo que define el término «fe». La fe es la «certeza de lo que se espera, la convicción de lo que no se ve» (v. 1). Nótese que este versículo está construido de manera poética, usando un paralelismo que evoca los salmos y los proverbios. La definición tiene dos cláusulas muy parecidas.

La primera afirma que la fe es la certeza o seguridad de nuestra esperanza cristiana. La segunda frase recalca la idea, indicando que la fe es la convicción o seguridad de que las realidades espirituales son verdaderas, aunque no podemos verlas con los ojos naturales.

Para comprender esta definición, es necesario recordar los temas discutidos en los capítulos 7 al 10. Uno de los temas principales de aquella sección es que las cosas materiales—tales como el tabernáculo y el templo—son meras sombras o figuras de realidades celestiales. Para Hebreos, las realidades celestiales son más seguras y permanentes que las materiales. Es decir, las realidades celestiales—que no vemos— son más seguras que las cosas materiales que sí podemos ver.

El v. 1 también se distingue por emplear una palabra griega que fue muy importante en las discusiones que la iglesia antigua sostuvo sobre la persona y el ministerio de nuestro Señor Jesucristo. Mientras algunas personas decían que Jesús era un mero hombre y otras decían que era sólo espíritu, la mayoría de la iglesia decidió afirmar que Jesús es plenamente humano y plenamente divino. La palabra que usaron los teólogos antiguos para describir esta realidad fue «sustancia», traducción de la palabra griega «hypóstasis» que aquí se traduce como «convicción». Como explica Justo L. González en el séptimo capítulo de su libro *Mañana*, el término «sustancia» también se podía traducir como «propiedad». En este sentido, la fe es apropiarse de las realidades espirituales invisibles que esperamos por medio de nuestra fe; es ser «dueño» de nuestra «esperanza». En este caso, la fe es la seguridad o convicción de que la salvación esperada es verdadera y es nuestra.

El v. 2 afirma que, por medio de la fe, varias personas que vivieron en la antigüedad dieron testimonio de su fidelidad a Dios. La traducción llama a estas personas «los antiguos», aunque literalmente el texto griego dice «los ancianos». En todo caso, el texto se refiere a las personas que nos precedieron en los caminos de la fe.

El v. 3 indica que es por la fe que entendemos que Dios creó el universo por medio de su palabra. Esta es una referencia al capítulo 1 de Génesis, donde Dios crea por medio de su palabra, cuando le ordena al cosmos que «sea la luz» (v. 3) o a la naturaleza que produzca «hierba verde» (v. 11). Con esta alusión al Antiguo Testamento, Hebreos prueba que «lo que se ve fue hecho de lo que no se veía», apoyando la definición de fe que aparece en el v. 1.

El prólogo del capítulo (vv. 1–3) da paso a una lista de héroes y heroínas de la fe (vv. 4–38). Esta lista ofrece ejemplos de algunas de esas personas que dieron buen testimonio de su fe en la antigüedad (compare con el v. 2). El primer héroe de la fe es Abel, (v. 4) el hijo de Adán y Eva que fue asesinado por su hermano Caín (Gn. 4). Hebreos afirma que Abel dio testimonio de su fe ofreciendo un sacrificio aceptable a Dios y superior al de su hermano. Aún después de asesinado, su sangre derramada injustamente continuó hablando de manera elocuente, tanto que Dios escuchó su reclamo de justicia (Gn. 4.10).

El segundo héroe de la fe es Enoc (v. 5), un misterioso personaje que—de acuerdo a Génesis 5—fue tan fiel que no conoció la muerte, «porque le llevó Dios» (v. 24) directamente a su presencia. Para el judaísmo del tiempo de Jesús, Enoc era un personaje fascinante. Tanto así que durante ese tiempo se escribieron varios libros que contienen visiones apocalípticas y se les puso el nombre de Enoc. La iglesia no reconoce estos documentos como libros inspirados por Dios y los cataloga como «apócrifos».

Hebreos toma la referencia a Enoc como ocasión para afirmar la eficacia de la fe (v. 6). La fe es la condición que le permite a un ser humano desarrollar una relación con Dios. De manera sencilla y profunda a la vez, Hebreos afirma que para acercarse a Dios es necesario creer que existe. Quien no cree en Dios, nunca podrá acercarse a él. Ahora bien, no basta creer que Dios existe, sino que es necesario creer que Dios premia a aquellas personas que le buscan con firmeza y fidelidad. Esto es crucial, ya que hay personas que piensan que Dios existe, pero que no desea relacionarse con ellas. Podemos decir que la fe es, pues, el *sine qua non* de la religión cristiana.

El v. 7 presenta al tercer héroe de la fe: Noé. El texto dice que obedeció a Dios por «temor». Sin embargo, no debemos ver esta palabra como miedo sino como una actitud de sumisión reverente ante Dios (compare con 5.9). Noé, cuya historia se narra en los capítulos 6 al 10 de Génesis, es un héroe de la fe porque le creyó a Dios en medio de un mundo incrédulo. En esta coyuntura, Hebreos construye un argumento sumamente interesante. El hecho de que Noé le creyera a Dios «condenó al mundo» que se resistió a escuchar el reclamo divino. Por medio de su fe, Noé heredó el mundo, convirtiéndose en el nuevo patriarca de la humanidad. El tema de la herencia relaciona este texto con Hebreos 9.15–17.

Abraham, el padre de la fe (compare con Ro. 4.16) es el cuarto héroe de la fe (vv. 8–19). Nótese que Hebreos toma como ejemplo tres episodios distintos de la vida de Abraham. El primer episodio es su llamado (vv. 8–10), pasaje que se encuentra en Génesis 12.1–9. Allí Dios le dice a Abraham: «Vete de tu tierra y de tu parentela, y de la casa de tu padre a la tierra que yo te mostraré» (v. 1). Hebreos indica que Abraham respondió con obediencia al llamado divino «y salió sin saber a donde iba» (v. 8). En obediencia, llegó a la tierra que Dios prometió darle, aunque vivió en ella como extranjero (v. 9). Vivió en «tiendas», como un nómada, porque esperaba «la ciudad que tiene fundamentos, cuyo arquitecto y constructor es Dios» (v. 10). Aquí encontramos dos referencias entrelazadas. La primera es al tabernáculo donde el pueblo de Israel adoró en el desierto, el cual era una tienda de campaña. Del mismo modo que el tabernáculo era figura de las realidades celestiales (véase 8.5), las tiendas en las que habitó Abraham eran figura de la ciudad permanente. La segunda referencia es a la Jerusalén celestial que se menciona en 12.22.

El segundo episodio es la promesa que Dios le hizo a Abraham de tener un hijo (vv. 11–16), pasaje que se encuentra en Génesis 18.1–15. Del mismo modo, Hebreos habla de la fe de Sara, convirtiéndola en la quinta persona y en la primera mujer llamada «heroína» de la fe. Recordemos que Sara era estéril, pero pudo concebir un niño «porque creyó que era fiel quien lo había prometido» (v. 11). De una pareja de avanzada edad que deberían haber estado pensando en la muerte, Dios proveyó un hijo que llegó a ser un gran pueblo. El v. 12 se refiere a Génesis 15.5 cuando dice que la descendencia de Abraham llegó a ser «como las estrellas del cielo en multitud» y a Génesis 22.17 cuando compara la descendencia de Abraham con la arena de la playa. El v. 13 nos recuerda que Abraham y Sara murieron antes de que sus descendientes llegaran a formar el pueblo de Israel y antes de que llegaran a ocupar la Tierra Prometida. Por lo tanto, murieron como «extranjeros y peregrinos sobre la tierra». Los vv. 14 al 16 juegan con estos conceptos. Los extranjeros y peregrinos viven lejos de sus tierras. En cierto modo, están buscando nuevas patrias. Según el v. 14, este era el caso de Abraham y Sara, quienes nunca volvieron a su tierra (v. 15). Hebreos hace una interpretación teológica, indicando que decidieron ser extranjeros porque estaban buscando la ciudad celestial que Dios les había prometido y preparado (v. 16, compare con 12.22–23).

El tercer episodio es el sacrificio de Isaac (vv. 17–19), que se encuentra en Génesis 22. Allí Dios le pide a Abraham que sacrifique a Isaac, el hijo de la promesa. Abraham obedece y lleva a su hijo hasta el altar del sacrificio. Sin embargo, Dios impide que mate a Isaac, enseñándole así que no debía ofrecer sacrificios humanos. Hebreos entiende que este episodio fue una «prueba» de parte de Dios (v. 17) y afirma que Abraham estaba dispuesto a obedecer la voz divina porque creía en el poder de la resurrección (vv. 18–19). De este modo, Hebreos establece un lazo entre el sacrificio de Isaac y el sacrificio de Jesús, quien venció la muerte por medio de la resurrección.

El sexto héroe de la fe es, precisamente, Isaac (v. 20). Siendo un anciano, bendijo a sus hijos Jacob y Esaú, hablándoles de las realidades espirituales que le esperaban.

A su vez, el séptimo héroe de la fe es Jacob, quien bendijo a su hijo José antes de morir (v. 21). Nótese que un «bordón» es una vara larga, un bastón que sobrepasa la altura de la persona. La cadena continúa, nombrando a José como el octavo héroe de la fe (v. 22). Aunque José murió en Egipto, pidió que sus huesos fueran preservados y eventualmente llevados a la tierra de Canaán. Según Éxodo 13.19, esta petición se cumplió bajo el liderazgo de Moisés.

Moisés es el noveno héroe de la fe (vv. 23–29). Hebreos señala cinco episodios en la vida de Moisés como ejemplos de fe verdadera. El primero es su nacimiento (v. 23), texto que aparece en Éxodo 2.1–10. La epístola evoca la valentía de los padres de Moisés, quienes le escondieron para librarlo del decreto del Faraón que ordenaba el asesinato de todos los niños israelitas (Ex. 1.22).

El segundo episodio es su toma de conciencia como israelita (vv. 24–26), historia que aparece en Éxodo 2.11–23. Moisés creció en el palacio del Faraón, como hijo adoptivo de una de las princesas. Sin embargo, cuando llegó a la madurez notó cómo los israelitas eran maltratados y hasta intervino a favor de uno de los esclavos, asesinando a su opresor (Ex. 2.11–13). Descubierta su culpa, Moisés escapó de Egipto, rechazando así los privilegios que le daba el ser parte de la familia real. En esta sección, la epístola recalca cómo Moisés escogió el sufrimiento, dejando a un lado el placer (v. 25). Este tema reaparece en Hebreos 12.2, aunque en aquel versículo quien escoge el sufrimiento sobre el placer es el mismísimo Jesucristo. De manera un tanto anacrónica, Hebreos afirma que Moisés tuvo «por mayores riquezas el vituperio de Cristo que los tesoros de los egipcios» (v. 26). Debemos entender esta declaración como una hipérbole, es decir, como una exageración que el texto usa para dar un efecto dramático a sus ideas. En realidad, Moisés vivió más de mil años antes de Jesús de Nazaret.

El tercer episodio es la confrontación entre Moisés y el Faraón (v. 27), historia que Éxodo narra en los capítulos 3 al 11. Una vez más, Hebreos recalca la valentía y la perseverancia de Moisés.

El cuarto episodio es la celebración de la pascua (v. 28), pasaje que se encuentra en Éxodo 12.1–36. Después de castigar a los egipcios con nueve plagas, Dios envía la más violenta: los hijos mayores o primogénitos de los habitantes de Egipto morirían súbitamente. La única forma de librarse de la muerte era rociando la sangre de un cordero sobre el marco de puerta de la casa, mientras la familia comía el cordero asado, con legumbres y panes sin levadura. Los israelitas obedecieron y sus hijos se salvaron de manera milagrosa. Sin embargo, los egipcios perdieron a sus hijos mayores. Como es de esperar, el Nuevo Testamento relaciona la historia y la celebración de la Pascua con la muerte de Jesús. Como dice Pablo, Jesús es nuestra pascua (1 Co. 5.7–8), pues su sangre nos libera de la ira divina y nos provee salvación. Además, el asesinato de Jesús por las fuerzas de seguridad romanas ocurrió durante la semana cuando el pueblo judío celebraba la pascua (Mt. 26.2).

El quinto episodio es la liberación del pueblo israelita del duro yugo de la esclavitud en Egipto, particularmente el cruce del Mar Rojo (v. 29), historia que aparece en Éxodo 14. Como recordaremos, el pueblo liberado pasó el mar en seco mientras los ejércitos egipcios perecieron estancados en el lodo y ahogados por el mar.

El décimo héroe de la fe es el pueblo israelita (v. 30), quien rodeó los muros de Jericó hasta que cayeron de manera milagrosa (Jos. 6.11–27). Aunque esta historia ocurre después de la muerte de Moisés,

Hebreos la trata como parte de la misma historia de liberación del pueblo israelita.

La undécima persona señalada como heroína de la fe es Rahab (v. 31), una de las protagonistas de la historia de la caída de Jericó (Jos. 6.11–27). Debemos notar que Rahab era la prostituta que ayudó a los espías enviados por Josué a explorar la ciudad de Jericó (Jos. 2.1–24). En recompensa por este acto de misericordia, los israelitas salvaron a Rahab y la adoptaron como parte de su pueblo (Jos. 6.23–25). Rahab es un personaje importante en la Biblia, ya que, a pesar de haber sido una prostituta extranjera, la historia la recuerda como antepasado de David y de Jesús de Nazaret (Mt. 1.5–16).

El v. 32 comienza con una pregunta retórica: «¿Y que más digo?» La idea de que ya no tiene más que decir, es un recurso poético para continuar hablando sobre el tema. En ese versículo Hebreos menciona como héroes de la fe a cuatro personajes del libro de los Jueces. Gedeón (Jue. 6–8); Jefté (Jue. 11.1–12.7); y Sansón (Jue. 13–16) fueron «jueces», es decir, caudillos o libertadores, del pueblo de Israel. Barac fue ayudante de Débora, quien también fue juez sobre Israel (Jue. 4–5). Los otros personajes provienen de los libros de Samuel y son, precisamente, el rey David y el profeta Samuel. El versículo termina mencionando, en general, a los «profetas» israelitas como héroes de la fe.

A partir del v. 33 y hasta el 38. Hebreos habla en general de las hazañas de los personajes bíblicos. Estos ejemplos de perseverancia militante tienen el propósito de exhortar a los Hebreos a perseverar en la fe. La mayor parte de las referencias son generales y pueden atribuirse a varias personas. Por ejemplo, varios personajes del Antiguo Testamento «conquistaron reinos» (v. 33). Sin embargo, algunas referencias son bastante específicas, tanto que nos permiten identificar las historias a las que se refiere el autor bíblico. Daniel estuvo en un foso con un león (Dan. 6), por lo que podemos decir que le tapó la boca (v. 33). Del mismo modo, Sadrac, Mesac y Abeb-negó sobrevivieron en un horno ardiente (Dan. 3), por lo que podemos decir que «apagaron fuegos impetuosos» (v. 34). La referencia a las mujeres que «recibieron sus muertos mediante resurrección» evoca a la Viuda de Sarepta, cuyo hijo volvió a la vida bajo el ministerio de Elías (1 R. 17.8–24) o a la Sunamita, cuyo hijo volvió a la vida bajo el ministerio de Eliseo (2 R. 4.8–37). La mayor parte de las personas dedicadas al estudio riguroso de la Biblia entienden que la frase «otros fueron atormentados, no aceptando el rescate, a fin de obtener mejor resurrección» (v. 36), es una referencia a la historia del martirio de siete hermanos y su madre, que aparece en 2 Macabeos 7. Este es un libro «deuterocanónico», es decir, un libro que algunas ramas del cristianismo incluyen en el Antiguo Testamento, mientras otras no lo consideran como un documento inspirado por Dios. En todo caso, el texto narra la historia de una mujer cuyos siete hijos fueron apresados y torturados por el ejército sirio, dirigido por el rey Antíoco Epífanes IV. Este fue el rey que profanó el templo de Jerusalén en el año 169 a.C. Mientras los hijos morían, la madre les alentaba hablándoles de la esperanza de resurrección, afirmando que Dios «en su misericordia, les devolverá la vida y el aliento» (2 Mac. 7.23). Al final de la historia mueren todos los hijos, al igual que la madre. Sin embargo, esta es una de las historias más heroicas que aparecen en los libros de los Macabeos. Finalmente, la frase «fueron apedreados» se puede interpretar como una referencia a la muerte del profeta Zacarías (2 Cr. 24.21–22). El v. 38 concluye la lista de acciones heroicas afirmando que el mundo «no era digno» de tener habitantes tan valientes como los héroes mencionados a través del capítulo.

La conclusión de este capítulo se encuentra en los vv. 39 y 40. Estos versículos también preparan al lector o a la lectora para considerar el mensaje del capítulo 12. El texto afirma que ninguna de las personas mencionadas como ejemplos de fe—a pesar de su buen testimonio—alcanzó la recompensa que Dios les prometió (v. 39). Esto nos recuerda Hebreos 4.9, que dice: «Por tanto, queda un reposo para el pueblo de Dios». Las personas que creemos en el mensaje del Evangelio de Jesucristo seremos perfeccionadas junto a los héroes y las heroínas de la fe que nos precedieron (v. 40), pues formamos parte del mismo pueblo de Dios.

Sugerencias para la predicación y la vida

Hebreos 11 ofrece un mundo de posibilidades. Exploremos seis de los temas que sugiere. El primer tema, claro está, es la fe. En griego, como en castellano, la palabra «fe» se relaciona con la palabra «fidelidad». Tener fe en alguien implica serle fiel. Además, Hebreos define la fe principalmente como esperanza; como la seguridad de que recibiremos lo que esperamos de parte de Dios. En cierto sentido, Hebreos también comparte la idea de que la fe implica obediencia, un concepto común en los escritos del Apóstol Pablo. Sin embargo, en Hebreos la fe también va unida a la perseverancia y a la resistencia militante (10.36; 12.1). El concepto «fe» en Hebreos comparte los tres aspectos: fidelidad a Dios, obediencia a la voluntad divina y perseverancia en la seguridad del futuro.

Este tema tan rico es perfecto para un sermón doctrinal. Aquellas personas quienes deseen seguir un bosquejo tradicional, pueden hacer un sermón que exponga tres puntos principales sobre la fe: la fe como fidelidad, la fe como esperanza y la fe como perseverancia o resistencia militante.

Un segundo tema sugerido particularmente por los vv. 6 y 7 es la diferencia entre creer en Dios y creerle a Dios. El v. 6 afirma que es necesario creer en la existencia de Dios antes de tomar un paso de fe. La persona que no cree en Dios, no trata de buscarle. Sin embargo, el v. 7 va un paso más allá e indica que Noé creyó en el mensaje de Dios. Por esto, obedeció la palabra divina, construyendo el barco donde salvó a su familia. Queda claro, pues, que los héroes de la fe no sólo creen que Dios existe sino que creen en lo que Dios dice y obedecen su palabra.

Este contraste entre «creer en Dios» y «creerle a Dios» puede ser la base para un sermón cuyo propósito sea conducir a la audiencia a vivir más cerca de Dios. El sermón puede tener dos partes. La primera ha de exponer que creer en la existencia de Dios es el primer paso en nuestro caminar de fe. Este primer paso es importante, porque nos encamina en la senda de la espiritualidad cristiana. La segunda parte puede exhortar a la congregación a tomar el segundo paso: creerle a Dios. Cuando le creemos a Dios comenzamos a discernir el llamado particular que tiene para nuestra vida. Para crecer y madurar en la fe, es necesario creerle a Dios.

El tercer tema, más que un concepto, es un método de trabajo. Hebreos 11.4–31 presenta, precisamente, once personajes del Antiguo Testamento como héroes o heroínas de la fe. Podemos tomar cualquiera de estos personajes como base para un sermón. El bosquejo puede seguir un modelo narrativo. La primera parte explorará lo que dice Hebreos 11 sobre el personaje. La segunda parte irá al Antiguo Testamento para narrar con detalle un episodio de la vida de dicho personaje bíblico. La tercera parte volverá a Hebreos, recalcando cuán importante es el ejemplo de este personaje bíblico para nosotros. De este modo, el cuerpo del sermón tendrá tres partes principales: El mensaje del texto hoy, el mensaje del texto ayer, y de vuelta al mensaje del texto hoy.

El cuarto tema es el peregrinaje y aparece particularmente en la referencia a Abraham (vv. 11–16). Como indicamos en el comentario sobre este pasaje, el tema del peregrinaje aparece varias veces en la epístola. En cierto modo, podemos afirmar que Hebreos usa el tema del peregrinaje para comunicar sus ideas sobre el discipulado cristiano. De acuerdo a esta epístola, los creyentes somos «peregrinos y extranjeros» (v. 13) que vivimos buscando una ciudad permanente. Esa ciudad no se encuentra en el mundo material, ya que en este mundo todo es transitorio. La ciudad permanente es la Jerusalén celestial, descrita en Hebreos 12.22–23. Sólo allí encontraremos el «reposo» (4.9–11) que necesitan nuestras almas.

Sugiero dos estrategias para tocar el tema del peregrinaje cristiano. La primera es desarrollar un sermón temático sobre el concepto «peregrinaje», tomando en cuenta todas las referencias al tema en Hebreos. La segunda estrategia consiste en desarrollar un sermón temático sobre la vida de Abraham, interpretada a la luz de Hebreos 11.11–16.

El tema del peregrinaje nos lleva a considerar un quinto tema: el compromiso radical del creyente con Dios. Todos los personajes mencionados en Hebreos 11 comparten una misma característica: un profundo compromiso con Dios. Lo que es más, dicho compromiso era radical. Podemos decir que estos personajes no tenían nada invertido en este mundo. Por esta razón, estaban totalmente comprometidos con el mundo venidero que se manifestará plenamente al final de los tiempos.

Detengámonos por un momento a considerar el ejemplo de Noé. Este personaje sobrevive la destrucción del mundo tal como lo conocía. El mundo que sobrevive al diluvio universal es radicalmente distinto al anterior. De acuerdo al relato bíblico, Noé fue el único jefe de familia dispuesto a obedecer a Dios, dejando todo atrás. Si Noé hubiera valorado más sus posesiones materiales que su fe, nunca hubiera construido el arca. En resumen, Noé estaba totalmente comprometido con el mundo nuevo que Dios habría de crear. Al igual que Noé, todos los personajes que nombra Hebreos 11 estaban tan comprometidos con Dios que no tenían nada invertido en el mundo material. Por eso estaban dispuestos a abandonarlo todo—tierras, familia y hasta sus propias vidas—con tal de agradar a Dios.

Debemos tener cuidado al predicar este punto, dado que la gente que tome en serio el mensaje de este pasaje bíblico puede tomar decisiones radicales. He visto personas que—en respuesta a un sermón donde se sienten emplazados por Dios—abandonan trabajos, relaciones, vicios, empleos y hasta países. Por eso es necesario tener mucho cuidado a la hora de llamar al compromiso. No obstante, es necesario hacer este llamado solemne. En realidad, es mejor vivir comprometidos con el reino de Dios, ya que al morir no podremos llevarnos ninguna de las cosas materiales que hoy forman parte de nuestra vida. Al fin y al cabo Hebreos tiene razón; lo material perece mientras que lo espiritual permanece para siempre.

El sexto punto se relaciona con el anterior. «el mundo no era digno» de tener habitantes de la estatura espiritual de los héroes y las heroínas de la fe que menciona Hebreos 11. El mundo no merece tener personas de una espiritualidad tan profunda, dispuestas a hacer sacrificios tan grandes. Podemos usar la frase «el mundo no era digno» como título para un sermón que resuma—en términos generales—el gran ejemplo de fe y compromiso dado por estos grandes héroes y heroínas del Antiguo Testamento.

B. Puestos los ojos en Jesús (12.1–13)

Hebreos 12.1–11 habla sobre el tema de la resistencia militante. El pasaje presenta a Jesús como el ejemplo máximo de perseverancia y exhorta a los oyentes a desarrollar un discipulado comprometido que refleje el modelo de Cristo.

Este capítulo puede dividirse en tres partes, a saber:
1. 12.1–3: Habla sobre el ejemplo de perseverancia, solidaridad y compromiso que Cristo nos ha dado por medio de su muerte en la cruz. Hebreos 12.1–3 funciona como la conclusión del argumento sobre la fe que comenzó en el 11.1. A la misma vez, el texto introduce la exhortación sobre la disciplina divina que

se encuentra en Hebreos 12.4–11. De este modo, ambos pasajes quedan unidos por los vv.1–3.

2. 12.4–8: Explica la necesidad de la disciplina divina.

3. 12.9–13: Presenta una comparación entre la disciplina humana y la divina. Esta parte se desarrolla por medio de una serie de argumentos de menor a mayor. La idea es que si nos sometemos a la disciplina de nuestros padres terrenales, cuanto más nos debemos someter a la disciplina divina. La sección termina con dos citas bíblicas.

Las citas al Antiguo Testamento se encuentran en los vv. 12 y 13. El v. 12 cita Isaías 35.3, y el v. 13 Proverbios 2.26 (tomado de la versión griega del Antiguo Testamento, conocida como la Septuaginta).

En esta porción bíblica encontramos, además, varios «quiasmos», esto es, construcciones literarias donde las ideas están organizadas de forma paralela. El primero se encuentra en los vv. 1–3, que dice:

Por tanto, nosotros también,

a) teniendo en derredor nuestro tan grande <u>nube</u> de testigos,

b) despojémonos de todo <u>peso y del pecado</u> que nos asedia,

c) y ...con <u>paciencia</u>

d) ...corramos ...la carrera que <u>tenemos por delante</u>,

* puestos los ojos en Jesús, el autor y consumador de la fe,

d') el cual por el gozo <u>puesto delante de él</u>

c') <u>sufrió</u> la cruz,

b') menospreciando el <u>oprobio</u>,

a') y se sentó a la diestra del <u>trono</u> de Dios.

Nótese que las palabras subrayadas presentan ideas que los otros versículos contestan o desarrollan. Por ejemplo, la palabra «nube» que aparece en la frase «a» corresponde a la palabra «trono» que aparece en la frase «a'». La primera mitad del quiasmo se concentra en los creyentes. En el centro, el foco del texto varía, de tal manera que la segunda mitad del texto dirige a los creyentes a poner la vista en Jesús. Precisamente, es Jesús quien ocupa el centro del poema. En una frase que resume la cristología de Hebreos, se indica que Jesús es el «autor» y «consumador» de la fe.

La segunda construcción en paralelo se encuentra en la cita que se hace de Proverbios 3.11–12 en los vv. 5–6. En el v. 5 encontramos un ejemplo de lo que es el paralelismo simple:

a) Hijo mío, no menosprecies la <u>disciplina</u> del Señor

a') ni desmayes cuando eres <u>reprendido</u> por él

En el v. 6 encontramos otro quiasmo:

a) Porque el Señor <u>al que ama</u>

   b) <u>disciplina</u>,

   b') y <u>azota</u>

a') a todo <u>el que recibe por hijo</u>.

El pasaje, en los vv. 5 y 6, cita Proverbios 3.11–12. Esta sección también usa la técnica literaria llamada «inclusión», que consiste en comenzar y terminar un texto repitiendo las mismas ideas. En el texto griego hay una relación estrecha entre el «corramos con paciencia» de 12.1 y el «haced sendas derechas para vuestros pies» de 12.13, ya que las palabras «corramos» y «sendas» proceden de la misma raíz. Convendría traducir el segundo por «caminos para correr», para que pudiera percibirse claramente la inclusión.

Comentario versículo por versículo

La primera parte (vv. 1–3) presenta a Jesús como el modelo para la vida de fe. El texto resume sus enseñanzas sobre Cristo por medio de los términos «autor» y «consumador de la fe» (v. 2). Como ya indicamos cuando consideramos el capítulo 2, la palabra «autor» es la traducción del vocablo griego «archegós», que quiere decir, literalmente «el primero que hace» algo. Jesús es el autor o pionero porque fue el primer ser humano que abrió el camino que conduce a la presencia de Dios. Esta palabra se encuentra solamente aquí y en 2.10 (donde también está en relación con «consumador»). Significa «guía, jefe, conductor, caudillo» y, en nuestro contexto, «entrenador o maestro». Es la persona que va delante, abriendo el camino. El término se refiere a Jesús, quien se ha hecho solidario con nosotros en todo, excepto en el pecado (4.15) y quien entra por nosotros como precursor (6.20) dentro del santuario de Dios.

Por su parte, la palabra «consumador» es la traducción del vocablo griego «teleiotés», que quiere decir, literalmente, «el que lleva hasta el fin» una cosa. Jesús es el «consumador» o «perfeccionador» de la fe porque intercede por nosotros ante el Padre y hace posible que nos acerquemos con libertad al trono de la gracia de Dios. «Consumador», una palabra que solo aparece en Hebreos, tiene una clara relación con el término «perfección», que aparece varias veces en la epístola.

Ahora queda claro por qué afirmamos anteriormente que la expresión «autor y consumador de la fe» resume la cristología de la carta. Por una parte, Jesús es el Hijo, llevado a la perfección por Dios a través de los sufrimientos. Por otra parte, Dios ha proclamado a Jesús Sumo Sacerdote para siempre, razón por la cual tiene la misión de llevar a la humanidad a la perfección.

Hebreos 12.1–2 presenta su mensaje utilizando una metáfora deportiva. Los creyentes son como atletas en un estadio, rodeados por un grupo inmenso, una nube de testigos. Estos «testigos» son los héroes y las heroínas de la fe que se mencionan en el capítulo 11. Los creyentes deben correr una carrera con paciencia, palabra que sería mejor traducirla como perseverancia o resistencia militante. También es necesario echar a un lado todo peso excesivo, tal y como lo hacían los atletas griegos quienes competían desnudos. Esta es una referencia al pecado, que se presenta como un peso excesivo o lastre que dificulta nuestra carrera cristiana. Los creyentes deben mirar atentamente a Jesús, el líder. Él es quien muestra el camino hacia la meta. La meta es el trono de Dios, esto es, la presencia misma de Dios, a la cual Jesús ya ha logrado acceso.

Otro punto importante en Hebreos 12.1–3 es el énfasis en el sufrimiento. El texto describe a Jesús como una persona que tomó una opción: en lugar del gozo que se le ofrecía, padeció la cruz (v. 2, compare con 11.24–26). El texto implica que Jesús tuvo la oportunidad de una vida de gozo. Sin embargo, renunció a este gozo para solidarizarse con el sufrimiento de la humanidad. Sufrió la hostilidad—representada por su crucifixión a manos del Imperio Romano—y por lo tanto es un ejemplo de perseverancia. Si consideramos que este himno sobre Jesús viene después del capítulo 11, podemos afirmar que el texto presenta a Jesús como el más grande de todos los héroes de la fe, culminando así la lista que comenzó en el capítulo anterior.

Además, el texto presenta la pasión de Jesús como un modelo para nosotros. Los creyentes debemos seguir el ejemplo de Jesús, quien soportó pacientemente sus dolores. Al igual que Jesús, debemos evitar el cansancio y el descorazonamiento en nuestra lucha contra el pecado, que debe ser constante hasta el fin, y fuerte hasta el dolor (12.4).

La segunda parte (vv. 4–8) del pasaje habla acerca de dos temas: la filiación y la necesidad de disciplina, estableciendo claramente que quienes no sufren la disciplina no son «hijos legítimos» de Dios (v. 8). La palabra griega para disciplina es «paideía», de donde procede la palabra «pedagogía», la cual se refiere al desarrollo y la instrucción del niño. En Hebreos, la disciplina se puede entender como la preparación necesaria para la vida en la fe. En términos específicos, en este versículo la disciplina es el sufrimiento. Los oyentes están padeciendo por causa de graves luchas (v. 4). Han pasado por momentos muy difíciles (compare con 10.32–34). Sin embargo, todavía no han llegado al martirio (v. 4). Ahora la exhortación llama a continuar su jornada de fe, considerando las tribulaciones como parte de la disciplina divina a través de la cual Dios nos ayuda a crecer en la fe. El texto (vv. 5–6) refuerza su argumento con una cita de Proverbios 3.11–12.

La tercera parte (vv. 9–13) contiene un argumento de menor a mayor. El propósito de esta exhortación es animar a los oyentes a perseverar, aceptando la «disciplina» de Dios. Los versos 9 al 10 comparan la disciplina humana con la divina. El argumento de menor a mayor sigue la siguiente lógica: Si nosotros aceptamos la instrucción de nuestros padres con respeto, con más razón debemos aceptar la disciplina de Dios, sabiendo que siempre traerá buenos frutos. Aun cuando sea dolorosa, a la larga la disciplina divina traerá por fruto la justicia (v. 11).

Esta sección termina con dos citas del Antiguo Testamento. El v. 12 cita Isaías 35.3 y el v. 13 cita Proverbios 2.26. Estas citas retoman la metáfora deportiva, animando a los oyentes a entrar en acción y correr hacia la meta.

Sugerencias para la predicación y la vida

De todos los temas que surgen de este capítulo, quisiera dirigirme a uno en particular. Es la relación entre el creyente y Jesús. De acuerdo a Hebreos, ¿cuál es la conexión personal entre la figura de Jesús y el lector o la lectora actual? ¿Cuál es el vínculo entre el Jesús de Hebreos y nosotros hoy?

La perseverancia

Como hemos visto anteriormente en la carta, Jesús se presenta en Hebreos como nuestro Sumo Sacerdote (6.20). Uno de los elementos que califica a Jesús para ser Sumo Sacerdote es su identificación con los creyentes. Él ha sido perfeccionado a través de sufrimientos (2.10,18) de manera que ahora está sentado a la mano derecha del trono de Dios (12.2) y desde este lugar privilegiado intercede en favor de nosotros (7.25). Todas estas cualidades hacen que Jesús pueda salvar eternamente a quienes se acercan a Dios a través de él (7.25). Todo esto se resume en los términos «autor» y «consumador», tales como se encuentran en 12.2.

Si seguimos la lógica de la imagen del peregrinaje que encontramos en Hebreos, entonces Jesús es el líder o el pionero que apunta el camino hacia Dios. Él es el representante de toda la humanidad delante de Dios y, de manera anticipada, la humanidad está también con él delante de Dios. Como líder, entonces, nos enseña el camino a la perfección, esto es, a la presencia de Dios. Pero como líder, él también es quien nos ayuda a comenzar la carrera. Él es el capitán que nos ordena marchar. Es el modelo que debemos seguir. Dios ha señalado o ha escogido a Jesús como fundador, líder, pionero, capitán y príncipe de nuestra salvación.

Pero Jesús no solamente nos enseña el camino; también nos ayuda a correr la carrera. Es por medio de su intercesión que somos salvados (7.25) y que podemos caminar la jornada de fe hacia Dios. Él es el perfeccionador que nos supervisará en la carrera. Él es el que nos ayudará a llegar a la meta.

De esta manera, el creyente tiene una relación sumamente específica con Jesús. El creyente es un seguidor. El creyente es uno que ha respondido a la iniciativa divina tal y como ha sido revelada en Cristo y que ahora por medio de la fe participa de la obra redentora de Jesús. Esta participación salvífica es lo que permite que el creyente marche y llegue a la meta.

En resumen, para usar las categorías de la teología clásica, Jesús es nuestro Salvador (7.25) y nosotros somos sus discípulos.

Sin embargo, debemos ver este punto desde la perspectiva de la teología latinoamericana. Viéndolo desde esta perspectiva, hay dos palabras que resumen en mensaje de Hebreos. Estas son: «solidaridad» y «compromiso».

En primer lugar, encontramos el término «solidaridad», que resume la cristología de la Epístola. En el primer capítulo, la unidad de Dios con Jesús se afirmó claramente (1.3). En el segundo, se estableció claramente la solidaridad de Jesús con la humanidad (2.11 y 14). De esta manera, encontramos en Jesús un ser excepcional que goza de solidaridad no solamente con Dios sino también con la humanidad. Él es quien salva la distancia entre el ser humano y Dios. Jesucristo es el puente.

La solidaridad se expresa una vez más en 12.1–3. Jesús es quien rechaza el gozo ofrecido por el orden terrenal y sufre la dureza de la cruz (12.2). Jesús no tiene nada invertido en el antiguo orden que va a pasar. Está totalmente comprometido con el nuevo orden.

Sin embargo, esta opción es dolorosa. De acuerdo a 12.1–3, Jesús rechaza el gozo y sufre la muerte. Jesús sufre la hostilidad de las fuerzas del mal. El camino a la perfección es costoso y la jornada está llena de sufrimiento. Pero, como sugiere el capítulo 12, algo bueno resulta del sufrimiento. A través de él tenemos un Sumo Sacerdote perfeccionado por el sufrimiento(2.10). Ahora, quienes sufren, encuentran un abogado en los cielos. Es un poderoso defensor que tiene el poder y la disposición de liberarles, porque está sentado a la derecha de Dios, la misma mano derecha que salvó al pueblo cautivo en Egipto.

Segundo, encontramos el término «compromiso». Por medio del compromiso fiel a Cristo participamos de su obra redentora. Del mismo modo que él lo hizo, también nosotros tenemos que tomar una opción por el nuevo orden de Dios, aun cuando esto nos traiga sufrimiento. Tenemos que luchar por la vida rechazando el viejo orden maligno, esperando participar en el nuevo orden. En esta lucha no podemos echar hacia atrás. Del mismo modo que Jesús, no tenemos nada invertido en el antiguo orden del mal. Sólo hay una meta: el nuevo orden donde la justicia de Dios será todo en todo.

En conclusión, Hebreos 12.1–13 nos llama a vivir en una estrecha relación con Jesús. Él es nuestro salvador; nosotros somos sus discípulos. Él es nuestro pionero y perfeccionador y nosotros le seguimos en el camino. Él es quien tomó una opción por el nuevo orden, identificándose con quienes sufren. Él es nuestro modelo.

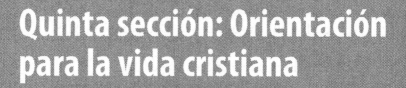

Quinta sección: Orientación para la vida cristiana

(12.14–13.19)

En las secciones anteriores Hebreos combina la reflexión teológica y la exhortación. Por ejemplo, en su tercera sección (5.11–10.39), Hebreos coloca sus ideas teológicas en medio de dos exhortaciones (5.11–6.20 y 10.18–39).

Esta sección es diferente. Se compone mayormente de exhortaciones y consejos prácticos sobre la vida cristiana. La misma se divide en dos partes:

1. 12.14–29: Gira en torno a las relaciones que los creyentes deben mantener con Dios.
2. 13.1–19: Trata sobre las relaciones entre los miembros de la comunidad de fe.

A. Exhortación a la santidad (12.14–29)

Este pasaje ofrece otra exhortación a la perseverancia. Contiene dos partes principales:

1. 12.14–17: Advierte sobre los peligros de la idolatría, utilizando como ejemplo la historia de Esaú.
2. 12.18–29: Habla sobre la Jerusalén celestial, la «ciudad permanente» (véase 13.14) que es la verdadera patria del creyente.

Al igual que el resto de la epístola, este pasaje contiene varias referencias al Antiguo Testamento:

1. 12.15: Contiene una referencia a Deuteronomio 29.18.

2. 12.16–17: Evoca un episodio de la vida de Esaú, que se encuentra en Génesis 25.27–34.
3. 12.20: Cita Éxodo 19.12–13.
4. 12.21: Contiene una cita de Deteuronomio 9.19.
5. 12.24: Evoca Génesis 4.10.
6. 12.26: Es una referencia a Hageo 2.6.
7. 12.29: Alude a Deuteronomio 4.24.

Comentario versículo por versículo

La primera parte (vv. 14–17) comienza con una exhortación a la paz y a la santidad «sin la cual nadie verá al Señor» (v. 14). Esta frase resume el tema central de la sección y revela la preocupación pastoral del escrito: hay quienes se apartan de la santificación. Dado que la salvación sólo se alcanza por medio de la participación en la comunidad que se identifica a sí misma con Cristo, quien rechaza el don de Dios cierra definitivamente su propio camino a la salvación.

Los vv. 15 al 16 contienen un triple aviso. Exhortan a la congregación a no caer en tres peligros. El primero es «dejar de alcanzar la gracia de Dios»; el segundo, «que brote alguna raíz de amargura»; el tercero, «que haya algún fornicario, o profano, como Esaú, que por una sola comida vendió su primogenitura». La frase «dejar de alcanzar la gracia de Dios» implica el desprecio del amor de Dios, y por consiguiente, implica alejarse del único lugar posible de salvación. La referencia a las «raíces de amargura» que estorban el desarrollo espiritual proviene de Deuteronomio 29.18, texto que describe a una persona, una familia o una tribu cuyo corazón se ha apartado de Dios para ir a servir a los dioses de otras naciones. De acuerdo a Deuteronomio 29.19, la persona que abandona la fe se engaña a sí misma, pensando que estará bien aunque camine en la dureza de su corazón. Por lo tanto, podemos concluir que el propósito de esta sección es, como en las otras exhortaciones de Hebreos (compare con 3.12–18; 6.4–8; 10.26–31), advertir contra la idolatría y la apostasía. La tercera parte del aviso compara la idolatría con la inmoralidad sexual. Este es un tema común en el Antiguo Testamento.

El v. 16 introduce la referencia a Esaú, el hijo de Isaac que le vendió su «primogenitura»—es decir, su derecho a heredar dos terceras partes de los bienes de su padre—a su hermano Jacob por un plato de sopa (véase Gn. 25.27–34). La palabra «primogenitura» funciona como una metáfora para la fe. Quien «vende su primogenitura» rechaza la santificación conseguida por medio de la sangre de Jesucristo, desprecia la gracia de Dios y se aparta del único ser que puede darle salvación.

El v. 17 evoca Génesis 27, donde Isaac bendice primero a Jacob, y Esaú llora la herencia perdida. Este versículo indica que Esaú no tuvo «oportunidad para el arrepentimiento», palabras que nos recuerdan los pasajes donde Hebreos afirma que los seres humanos tenemos una sola oportunidad para alcanzar la salvación (6.4 y 10.26).

La segunda parte (vv. 18–29) es un comentario sobre Éxodo 19, el pasaje donde el pueblo de Israel establece un pacto solemne con Dios bajo el liderazgo de Moisés. Hebreos contrasta el libre acceso a Dios que los creyentes obtienen por medio de Jesucristo (véase 10.19–22) con las señales milagrosas que rodearon la ceremonia en Sinaí (vv. 18–20). Éxodo indica que el Monte Sinaí quedó envuelto en tinieblas (19.9) y que el pueblo no podía acercarse al monte, pues podía morir (19.12). Hasta el mismo Moisés (v. 21), según la cita de Deuteronomio 9.19, tuvo temor «a causa del furor y la ira con que Jehová estaba enojado».

Si bien la revelación en el Monte Sinaí fue aterrorizante, la revelación cristiana es alentadora. Los cristianos no nos hemos acercado al Sinaí—monte que representa el viejo pacto con Moisés—sino a Sión, el monte donde se encuentra Jerusalén (v. 22). Lo que es más, ni siquiera nos hemos acercado a la Jerusalén terrenal, sino a la celestial, donde los ángeles cantan la gloria de Dios.

Allí se encuentra también la «congregación de los primogénitos» (v. 23). Algunos entienden que se refiere a los ángeles mencionados en el versículo anterior. Sin embargo, la palabra que se traduce como «asamblea» es «ekklesía», el vocablo griego que comúnmente se traduce como «iglesia». En todo caso, podemos afirmar que la frase se refiere a todos los seres—tanto humanos como angélicos—que viven en comunión con Dios, ya que sus nombres están inscritos en «los cielos». Estos, a diferencia de Esaú, no vendieron su primogenitura. El final del v. 23 arroja un poco de luz al asunto, diciendo que esta «asamblea» celestial se compone de «los espíritus de los justos hechos perfectos».

Más importante aún, al acercarnos a la Jerusalén celestial también nos acercamos a Jesús, quien es el mediador del nuevo pacto (véase 8.6 y 9.15). Nos acercamos a la sangre de Jesús, rociada sobre el pueblo para redimirle de sus pecados. En una referencia a Génesis 4.10—un texto que ya discutimos cuando hablamos de Hebreos 11.4—el autor indica que la sangre de Jesús habla «mejor que la de Abel». Recordemos que Dios confrontó a Caín por el asesinato de su hermano Abel, diciendo: «La voz de la sangre de tu hermano clama a mí desde la tierra» (Gn. 4.10).

La idea de la sangre que habla sirve de transición para entrar en una exhortación a escuchar la voz de Dios (vv. 25–26). Una vez más, Hebreos entra al tema del juicio divino. Usando otro argumento de menor a mayor, indica que si los israelitas que ignoraron las amonestaciones de sus líderes fueron castigados, con mayor razón serán castigados quienes ignoren la voz de Dios, por medio de su hijo Jesucristo (v. 25). El v. 26 continúa con el tema, citando el versículo 6 del segundo capítulo de Hageo. Allí se dice que la palabra de Dios conmoverá al mundo. El v. 27 enfoca en un detalle de la cita, indicando que «conmover» quiere decir «remover» las cosas que pueden moverse. Por lo tanto, el autor concluye que Hageo 2.6 implica la eliminación de las cosas terrenales—que perecen—y la permanencia de las realidades espirituales, que duran para siempre.

Sobre esta base, el v. 28 afirma que el reino de Dios es «inconmovible». Esta es la referencia más directa al reino de Dios en esta epístola (la otra se encuentra en 1.8). Como recordaremos, el reino de Dios es uno de los temas centrales de la predicación de Jesús.

La sección concluye llamando a la audiencia a vivir agradecida por la salvación que Dios le ha provisto, sirviéndole con «temor», es decir, con una actitud de respeto y reverencia (v. 28). El pasaje termina con una nota solemne, recordándonos que el Dios que nos salva también es «fuego consumidor» (v. 29). Esta frase es una alusión a Deuteronomio 4.24 (compare con Dt. 9.3), donde se advierte a los israelitas a permanecer fieles al Señor y servirle exclusivamente, para no provocar su ira. Esta referencia al juicio nos recuerda que debemos tomar en serio nuestro compromiso con Dios. En síntesis, nos dice que con Dios no se juega.

Sugerencias para la predicación y la vida

Esta sección habla de varios temas que ya hemos discutido, tales como la salvación, la santidad, la perseverancia, el amor fraternal y el amor a Dios. Enfoquemos entonces la atención sobre el tema que la distingue del resto de Hebreos: la visión de la Jerusalén celestial.

El tema del peregrinaje aparece en diversas partes de la Epístola a los Hebreos (3.7–4.13; 11.8–16; 13.14, entre otros). Una de las ideas básicas que presenta el texto es que los creyentes no tenemos una ciudad permanente en la tierra (13.14). Como nos enseña 8.5, las cosas materiales son meras «sombras y figuras» de las realidades espirituales. Por lo tanto, no sólo no tenemos una ciudad permanente aquí, en la tierra, sino que es imposible tenerla. Todas las ciudades del mundo han de desaparecer en algún momento. Quien quiera buscar algo permanente, tendrá que buscarlo fuera del ámbito terrenal.

Esto explica por qué Hebreos 12.22–24 es tan importante en esta carta. Allí se describe la ciudad permanente que buscan los verdaderos creyentes en el mensaje de Jesucristo. Nuestra lealtad pertenece no a la Jerusalén terrenal—lugar de grandes luchas a través de los siglos—sino a la celestial, que permanece para siempre.

La imagen de la ciudad celestial no es exclusiva de Hebreos. Por un lado, la Epístola a los Filipenses dice que la verdadera ciudadanía del cristiano «está en los cielos» (Fil. 3.20). Esta declaración empalma con el tema del peregrinaje. Por otro lado, Apocalipsis describe la Jerusalén celestial desde el 21.1 hasta 22.5. La nueva Jerusalén (Ap. 21.2 y 10) se caracteriza por la ausencia del mal y de sus consecuencias. Allí: «Enjugará Dios toda lágrima de los ojos de ellos; y no habrá muerte, ni habrá más llanto, ni clamor, no dolor; porque las primeras cosas pasaron» (Ap. 21.4).

Este mensaje de esperanza es particularmente importante para el pueblo hispanoamericano, tanto para las personas de habla hispana que viven en los Estados Unidos como para la gran hermandad latinoamericana. La nueva Jerusalén cumple dos funciones importantes en nuestra teología, en nuestra forma de pensar y de vivir la fe en

Dios. La primera función es negar el poder de las fuerzas del mal, del pecado y de la muerte. Sí, hoy experimentamos las consecuencias del mal. Empero, el mal no es eterno. La Biblia nos asegura que el mal cesará; que algún día la humanidad se verá libre del sufrimiento. Esa certeza nos permite mirar al futuro con esperanza.

La segunda función es servir, como el criterio por el cual podemos juzgar toda «ciudad» humana. Tanto el reino de Dios, que Hebreos menciona en 12.28, como la Jerusalén celestial representan formas de gobierno justas. Dios desea que los pueblos sean gobernados con justicia. Esa justicia es, pues, social. Dios desea que nuestras sociedades sean humanas, inclusivas y justas. Por lo tanto, la persona creyente puede y debe comparar todo gobierno humano con el reino de Dios en la Jerusalén celestial. La mala noticia es que todo gobierno humano será hallado falto, porque el pecado humano se manifiesta a través de toda institución terrenal. La buena noticia es que la comparación de nuestros gobiernos con el reino de Dios nos ayudará a determinar la voluntad de Dios para nuestros pueblos.

Sí, Dios quiere que los gobernantes de este mundo tomen el reino de Dios como su modelo de organización social. Dios desea que construyamos sociedades donde no haya muerte, ni llanto, ni clamor, ni dolor. Que así nos ayude Dios.

B. Exhortación a la solidaridad (13.1–19)

El último capítulo de la epístola a los Hebreos es muy variado. Contiene consejos prácticos, motivos teológicos, bendiciones, saludos y despedida. Por sus ideas sugestivas, Hebreos 13 ha sido, y continuará siendo, uno de los textos preferidos del púlpito cristiano.

Este capítulo es único en la carta. De primera intención, parece ser totalmente independiente del capítulo 12. Sin embargo, esta primera impresión es engañosa. Hebreos 13 forma parte de la orientación sobre la vida cristiana que comenzó en 12.14.

Este capítulo se divide en tres partes principales:

1. 13.1–7: Presenta toda una serie de consejos prácticos sobre la vida cristiana.

2. 13.8–16: Aquí encontramos varios motivos teológicos. El principal es que Jesús murió fuera de la puerta de la ciudad de Jerusalén.
3. 13.17–19: Exhorta a la audiencia a interceder por los dirigentes de la comunidad.

Aquí también Hebreos cita el Antiguo Testamento en varias ocasiones.

1. 13.5: Hace referencia a Deuteronomio 31.6.
2. 13.6: Aquí se cita el Salmo 118.6.
3. 13.11: El texto cita Levítico 16.27.
4. 13.15: Hace referencia al Salmo 50.14, 23 y a Oseas 14.2.

Comentario versículo por versículo

La primera parte presenta toda una serie de consejos prácticos, en forma de proverbios (vv. 1–7). Los temas son tan claros que el texto no se esfuerza en explicarlos. El capítulo comienza exhortando a la audiencia a perseverar en el amor mutuo (v. 1). La frase «amor fraternal» es la traducción del vocablo griego «filadelfía», que se refiere al amor que une a hermanos y a hermanas.

El v. 2 exhorta a practicar la hospitalidad, indicando que algunas personas que la practicaron en el pasado llegaron a «hospedar ángeles». Esta es una alusión a pasajes tales como Génesis 18.1–8, donde Abraham hospeda al ángel de Jehová; y Génesis 19.1–3, donde Lot hospeda dos ángeles. La práctica de la hospitalidad era vital para la iglesia primitiva, ya que las congregaciones se reunían en las casas de algunos creyentes. Además, los miembros de la iglesia hospedaban a los misioneros y a los predicadores itinerantes que visitaban la congregación.

«Los presos» a que se refiere el v. 3 son, con toda seguridad, miembros de la comunidad que han sido encarcelados por causa de su fe (véase 10.32–39). Los maltratados son creyentes que, a pesar de haber evitado la cárcel, fueron golpeados o torturados. El pasaje exhorta a la audiencia a estar en solidaridad con los creyentes que sufren a causa de su fe.

La exhortación del v. 4 llama a la fidelidad matrimonial y a la pureza sexual. La palabra «fornicario» traduce el vocablo griego «pórnous», que describe a la persona que comete actos de inmoralidad sexual. Esta es la raíz de la palabra española «pornografía». Una mejor traducción sería «pervertidos».

El v. 5 ataca la avaricia. El creyente debe estar contento con lo que tiene. Hebreos presenta la avaricia como una especie de idolatría, idea que también aparece en Colosenses 3.5. La persona que desea tener y acumular más objetos y dinero no tiene fe en Dios, quien cubre nuestras necesidades. La frase «no te desampararé; ni te dejaré» es común en el Antiguo Testamento (véase Dt. 31.6 y 8; Jos. 1.5). El v. 6 también invita a la audiencia a confiar en Dios, citando el Salmo 118.6 como texto de prueba.

El pasaje termina exhortando a la audiencia a recordar— literalmente, a traer a la memoria—a los líderes que predicaron el evangelio (v. 7, compare con 13.19). El texto no dice si estos líderes del ayer son los mismos que están presos (v. 3), si tuvieron que escapar de la persecución, o si son personas ya muertas. En todo caso, el texto les exhorta a considerar sus vidas como un modelo a seguir.

El tema del modelaje sirve como transición. La primera parte del capítulo (vv. 1–7) termina diciendo que los líderes del pasado fueron buenos modelos de desarrollo cristiano. La segunda parte (vv. 8–16) comienza hablando de Jesús, el modelo cristiano por excelencia (véase 12.1–3).

La sección comienza con una declaración teológica contundente: «Jesucristo es el mismo ayer, hoy y siempre» (v. 8). Los líderes (v. 7) vienen y se van, pero Jesucristo es tan fiel hoy como lo fue ayer. También seguirá siendo el mismo por los siglos. Por lo tanto, Jesucristo es el fundamento definitivo para la fe y la obediencia cristiana.

La integridad de Jesucristo también contrasta con las «doctrinas diversas y extrañas» que algunos predican con el propósito de extraviar a los creyentes (v. 9). Una vez más, el hecho de que las falsas doctrinas sean «diversas» es evidencia de su ineficacia. Jesucristo, quien con un solo sacrificio salva el mundo, no cambia. El texto continúa el contraste entre las realidades espirituales y las materiales, indicando que es mejor llenar el corazón de la gracia divina que de «viandas» o comida.

El tema de las «viandas» o los alimentos da paso a una última referencia al culto del Antiguo Testamento, según lo celebraba el sistema sacerdotal israelita. Los sacerdotes israelitas tenían derecho a quedarse con una parte de la carne que sacrificaban. En la mayor parte de las ocasiones, la cocinaban y se la comían. Hebreos dice que los creyentes también tenemos un altar, pero no tenemos derecho a comer de la carne sacrificada en él (v. 10). Esto es una clara alusión a Jesucristo, quien presentó ante Dios su propia sangre en sacrificio.

En el v. 11, el texto va un paso más allá. El Antiguo Testamento requería que ciertos sacrificios se quemaran totalmente. En este caso, los sacerdotes no podían comer de la carne de esos sacrificios. Uno de los sacrificios que debía quemarse en su totalidad era el que presentaba el Sumo Sacerdote en el día de la purificación. De acuerdo a Levítico 16, el Sumo Sacerdote debía sacrificar un becerro por sus propios pecados y un «macho cabrío» o un «chivo» por los pecados del pueblo. El Sumo Sacerdote rociaba el altar con la sangre del chivo. Sin embargo, terminado el sacrificio era necesario quemar los restos del chivo, que supuestamente contenían los pecados del pueblo. Como ahora el cadáver del chivo era «inmundo», era necesario quemarlo «fuera del campamento» (Lev. 16.27). De este modo no se contaminaba el altar.

Claro está, la frase «fuera del campamento» proviene del tiempo cuando Israel adoraba a Dios en la tienda del tabernáculo, no en el templo de Jerusalén. Después de la construcción del templo, los sacerdotes sacaban el cadáver del chivo inmolado fuera de la ciudad. Específicamente, lo quemaban cerca del basurero que se encontraba en el Valle de Hinom, que está al sur de la ciudad de Jerusalén.

Es interesante notar que las personas crucificadas también eran consideradas «inmundas» por el sistema sacerdotal israelita. La base de esta idea era Deuteronomio 21.23, «maldito por Dios es el colgado» en un madero. Los israelitas entendieron que esta maldición no sólo se aplicaba a las personas que morían ahorcadas sino también a las personas crucificadas. Por lo tanto, en los tiempos de Jesús los líderes judíos no permitían que los militares romanos crucificaran gente dentro de la ciudad de Jerusalén. Para no contaminar la Ciudad Santa, las crucifixiones ocurrían a las afueras de la ciudad.

Ahora queda claro el significado del v. 12: Jesús murió fuera de la puerta de la ciudad de Jerusalén, al igual que el animal sacrificado por el Sumo Sacerdote en el día de la purificación era quemado «fuera del campamento» (véase Juan 19.20 y compare con Hechos 7.58). Sobre esta base, Hebreos nos desafía a salir junto a Jesús «fuera del campamento» (v. 13). Aquí la traducción de la versión popular es más clara: «y suframos la misma deshonra que él sufrió». El texto exhorta a la audiencia a identificarse tanto con la muerte de Jesucristo como con los ataques que sufrió. Los creyentes no debemos quedarnos encerrados en el lugar santo, escondidos de los ataques del mundo. Por el contrario, Dios desea que demos testimonio de nuestra fe allí, en el mundo, frente a quienes asesinaron a Jesús.

Ahora bien, ¿cómo puede un creyente justificar esta actitud tan radical? El texto responde en el v. 14, afirmando que podemos mostrar desdén por este mundo porque no tenemos un lugar permanente en él. Por el contrario, estamos comprometidos con un mundo nuevo, que esperamos se manifieste en su totalidad en el momento que Dios considere oportuno. La palabra que usa Hebreos para referirse al mundo es «ciudad», en referencia a 12.22, que describe a la «Jerusalén celestial». Esa es la verdadera «patria» del creyente. De este modo, el texto evoca el tema del peregrinaje, que ya hemos visto a través de toda la epístola (3.7–4.13; 11.8 y 13–16; 12.18–24).

Dado que ya no es necesario ofrecer más sacrificios de sangre, ahora los creyentes deben ofrecer «sacrificios de alabanza» (v. 15), es decir, deben confesar y dar testimonio de su fe. La frase «sacrificio de alabanza» proviene del Antiguo Testamento, de pasajes tales como el Salmo 50.14 y 23, y Oseas 14.2. Del mismo modo, los creyentes deben hacer el bien y ayudarse los unos a los otros (v. 16). Estos son los sacrificios que Dios requiere hoy, después de que Jesucristo presentó el último sacrificio de sangre.

La tercera parte habla de las relaciones entre la congregación y su liderazgo (vv. 17–19). El v. 17 exhorta a la audiencia a obedecer a las personas que les pastorean y a «sujetarse a ellos», esto es, a reconocer su autoridad espiritual. El pasaje define la tarea pastoral como «velar por las almas» de los creyentes que forman parte de la congregación. Este versículo usa lenguaje financiero para describir el trabajo pastoral: los pastores y las pastoras deberán «rendir cuentas» ante Dios por las vidas de sus feligreses. Los creyentes deben someterse a la autoridad pastoral con alegría, si quieren que la misma sea provechosa o, literalmente, si desean «obtener ganancia».

Por primera vez en la epístola, el autor se refiere a sí mismo, pidiendo la oración (v. 18). El escritor bíblico no explicita las razones por las cuales necesita la oración. Sin embargo, de manera un tanto enigmática, indica que está persuadido de tener la conciencia tranquila.

El v. 19 concluye pidiendo la oración «para que yo os sea restituido pronto». Esto demuestra que el autor, en un momento, formó parte de la audiencia a la cual se dirigió esta epístola originalmente. No sabemos si fue un miembro, un líder o uno de sus pastores. Tampoco sabemos si se alejó por enfermedad, por persecución o por encarcelamiento. Sólo sabemos que desea volver a formar parte de su antigua comunidad de fe.

Sugerencias para la predicación y la vida

Dado que ya hemos discutido la mayor parte de los temas que sugiere este capítulo, concentrémonos en el tema que lo caracteriza: la muerte de Jesús «fuera de la puerta» de Jerusalén.

Queda claro que Hebreos 13.8–16 nos llama a salir fuera del lugar santo, solidarizándonos así con los sufrimientos de Jesucristo. El Hijo de Dios murió como un hombre inmundo, de manera que nosotros podamos ser santificados. En un primer nivel, esta invitación a salir del campamento tiene implicaciones directas para la misión de la iglesia, la ética cristiana y la adoración. El texto nos exhorta a vivir de acuerdo a nuestra fe en la esfera pública.

Esta invitación choca con la manera como muchas personas entienden la fe cristiana. Muchas iglesias hispanoamericanas fundadas por misioneros estadounidenses tienen que luchar con la herencia evangélica conservadora, que predicaba una fe individualista. Aprendimos que era necesario aceptar a Jesucristo como «mi salvador personal». De esta manera, el reinado de Jesús sobre nuestras vidas se relegaba al «corazón». Aprendimos, pues, que la fe es algo personal y privado, que tiene poco impacto sobre el resto de la sociedad.

Esta visión individualista y privatizante de la fe cristiana es incorrecta. La fe de Jesucristo nos une tanto a Dios como al resto de las personas que creen en él. Es decir, la fe cristiana es social, no individual. Por eso es necesario integrarse a una congregación, porque la fe cristiana se aprende y se vive en comunidad. La iglesia es avanzada del reino de Dios, que debe hablar con valentía al resto de la sociedad, señalando el pecado y combatiendo el mal.

Claro está, las fuerzas del pecado y de la muerte no se quedarán con los brazos cruzados. Al igual que hicieron con Jesús, los agentes del mal tratarán de destruirnos. Por lo tanto, la predicación del evangelio conlleva sufrir padecimientos y humillaciones. La gente se burlará de nosotros, tal como se burlaron de Jesús. Hasta amistades y seres queridos nos abandonarán en la hora mala. En esos momentos, debemos recordar las palabras de Hebreos 13.13–14: «Salgamos, pues, a él, fuera del campamento, llevando su vituperio; porque no tenemos aquí una ciudad permanente, sino que buscamos la por venir.»

Las personas interesadas en este tema deben leer el libro de Orlando E. Costas, *Christ Outside the Gate*. En este libro, Costas desarrolla toda una teología de la misión, desde una perspectiva latinoamericana, inspirada por Hebreos 13.12–14.

De todos modos, la invitación a salir «fuera del campamento» puede servir como base para sermones sobre la misión de la iglesia. Desarrolle un sermón expositivo donde explique por qué Jesucristo murió fuera de Jerusalén e invite a la audiencia a salir de los espacios sagrados donde está escondida. El mundo necesita escuchar el desafío del evangelio.

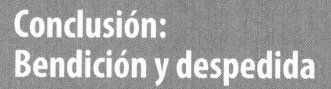

Conclusión:
Bendición y despedida
(13.20-25)

La conclusión de la Epístola se encuentra en los vv. 20 al 25. Esta corta sección contiene dos partes principales:

1. La doxología (vv. 20–21): Una doxología es un himno o fórmula que alaba y glorifica a Dios.
2. La despedida (vv. 22–23): La despedida, por lo regular, contiene algunos saludos y una palabra final.

Comentario versículo por versículo

A mi juicio, los vv. 20 y 21 contienen la bendición o doxología más hermosa de todo el Nuevo Testamento. La frase «el Dios de paz» (v. 20) es extraña en el Antiguo Testamento, pero común en las epístolas paulinas (Ro. 15.33; 16.20; 2 Co. 13.11; Fil. 4.9; 1 Ts. 5.23). En cierto sentido, la paz es la meta que Hebreos desea alcanzar: desea paz porque espera que acabe el hostigamiento que sufren los creyentes por parte del gobierno romano, y desea paz porque espera que los creyentes vivan en armonía los unos con los otros.

Dios es quien resucitó de los muertos a Jesús, quien aquí se llama «el gran pastor de las ovejas» (v. 20). Esta frase es similar a la que aparece en 1 Pedro 5.4, que llama a Jesús «el príncipe de los pastores». Ambas frases recalcan que, a pesar de que las congregaciones cristianas tienen líderes, Jesucristo es el verdadero pastor y líder de la iglesia cristiana.

El v. 20, que tiene una riqueza teológica enorme, también habla de «la sangre del pacto eterno». Esta frase evoca los temas discutidos en

Hebreos 7.1 al 10.18. Jesucristo, nuestro Sumo Sacerdote perfecto, ofreció su propia sangre en sacrificio a Dios. Por medio de dicho sacrificio, los creyentes gozamos ahora de un nuevo y mejor pacto con Dios.

El v. 21 deja claro que el propósito del pacto es perfeccionar a los creyentes, tema que también hemos visto anteriormente. Por medio de la sangre de Cristo, Dios nos hace «aptos» para hacer su voluntad. Debemos notar que Hebreos define «hacer la voluntad de Dios» de manera particular. Actuar conforme a la voluntad divina equivale a dejar que Dios actúe por medio de nosotros. La «perfección», que hemos definido a través de este escrito como la búsqueda de la madurez espiritual, lleva al creyente a actuar de manera agradable a Dios. Todo esto es posible por medio de Jesucristo, quien merece «gloria», es decir, honor, por toda la eternidad.

La despedida se extiende desde el v. 22 al 25. En el v. 22, el autor exhorta a la audiencia a «soportar» la «palabra de exhortación». El texto usa «soportar» de manera irónica, pues la palabra quiere decir aguantar algo desagradable. Por otro lado, la frase «palabra de exhortación» se emplea en Hechos 13.15 para describir el sermón de Pablo ante la sinagoga en Antioquia de Pisidia. Esta frase nos lleva a pensar que, más que una epístola, Hebreos es un sermón dirigido a una comunidad cristiana en crisis.

El v. 23 se refiere a Timoteo, personaje que se destaca en el Nuevo Testamento como uno de los acompañantes del Apóstol Pablo. La Biblia ofrece pocos detalles biográficos sobre Timoteo. Baste decir aquí que el autor de Hebreos informa que Timoteo ha sido liberado de la cárcel y que esperan visitar a la audiencia juntos.

El v. 24 envía saludos a los líderes de la congregación «y a todos los santos», es decir, a todas las personas que formaban parte de la iglesia. Muchos estudiosos toman la frase «los de Italia os saludan» como una referencia al lugar donde se escribió la epístola: Italia, preferiblemente Roma. Sin embargo, esto es imposible de probar. El hecho es que, en ese tiempo, había personas provenientes de Italia en casi todas las grandes ciudades del mundo.

El versículo final (v. 25) desea que la gracia de Dios esté con todas las personas que escuchan el mensaje de esta carta.

Sugerencias para la predicación y la vida

Dado que la bendición final de Hebreos afirma que Jesús es «el gran pastor de las ovejas», tomemos esta ocasión para reflexionar sobre el liderazgo de Jesús.

¿Qué acredita a Jesús como el «gran pastor de las ovejas»? ¿Qué lo capacita para ser el mediador de un nuevo pacto? ¿Qué lo capacita para ser nuestro líder? Hay tres elementos que caracterizan el sumo sacerdocio de Jesús: su compromiso con Dios, su solidaridad con la humanidad y su liderazgo salvífico.

Su compromiso con Dios: No hay duda del compromiso de Jesús con el Dios que lo envió a liberar al mundo del pecado. Este Jesús es la imagen divina (1.3), el príncipe del universo (1.8–14) y el hijo de Dios (3.1–6). Su divinidad le permite ejercer un ministerio que no tiene fin (7.16 y 22–25). Su santidad le permite entrar a la presencia de Dios (4.15 y 7.26–28), pues Cristo no cometió pecados.

Su solidaridad con la humanidad: La unidad del Hijo de Dios con el Padre sería poco importante para nosotros si este mismo Jesús no fuera a la vez un ser humano. Jesús no era un fantasma, ni un ángel ni un espíritu; mucho menos un Dios disfrazado de hombre. Por medio de su encarnación se solidarizó, es decir, «se hizo uno» con nosotros, sufriendo nuestro dolor. Participó del mismo evento que afecta a toda la humanidad, la muerte (2.14). Sufrió la condición que nos afecta a todos: la tentación del pecado (2.18 y 4.15). Jesús conoce nuestra condición, porque es uno de nosotros. Por eso no se avergüenza de llamarnos hermanos (2.11).

Su liderazgo salvífico: Sólo un «Dios-humano» podía abrir el camino a la salvación. Sólo un ser humano y divino a la misma vez podía «llevar muchos hijos a la gloria». Esta frase proviene de Hebreos 2.10. La palabra traducida allí como «autor» significa, ante todo, «líder». En griego «archégos», literalmente describe al «primero que hace algo», es decir, a la persona que inicia algo. Otra traducción posible del texto debe destacar el concepto de Jesús como líder. No sólo lo dice Hebreos 2.10, sino Hebreos 12.2: «Puestos los ojos en el líder... de nuestra fe.» El ser humano, que antes estaba totalmente perdido, ahora tiene un líder que ha abierto el camino a la salvación.

En Cristo encontramos, pues, el modelo de liderazgo que debemos seguir en nuestra vida cristiana. Estas son algunas cosas que podemos hacer para poner en práctica el modelo de Jesús:

Seguirlo, ser su discípulo: Un discípulo no es un alumno. El alumno va a una escuela, se sienta, toma la lección y se va a su casa. El discípulo es, por el contrario, el que sigue a su maestro y aprende de su ejemplo. Un estudiante en una escuela es un alumno; un aprendiz de carpintero es un discípulo. Los seguidores de Jesús fueron llamados «discípulos» porque seguían a su maestro por el camino, aprendiendo tanto de sus palabras como de sus acciones.

Comprometernos con la misión: Jesús estuvo tan comprometido que, dejando a un lado el gozo que le ofrecía su divinidad, «sufrió la cruz, menospreciando el oprobio» (12.2). Del mismo modo, el líder cristiano debe dejar a un lado todos esos detalles que tanto distraen, para ocuparse en su vocación y su misión. Dios nos ha dado la tarea de sanar a un mundo dividido por el pecado. La iglesia es el instrumento divino para proclamar la llegada del reino de Dios, un nuevo orden donde el pecado, los vicios, el hambre, la miseria y la pobreza no tienen cabida. Sin embargo, a veces olvidamos nuestra misión. Los personalismos, las pugnas internas, las diferencias políticas, la resistencia al cambio y la sed de poder, en ocasiones nos impiden cumplir nuestra misión eficientemente.

Solidarizarnos con los demás: El ejemplo de Jesús en torno a la solidaridad es claro. Él sabía que el líder no puede dirigir eficazmente cuando, de manera arrogante, establece distancia con su pueblo. Por esta razón, Jesús se hace uno de nosotros; por eso se encarna; por eso se hace ser humano. Por lo tanto, el líder cristiano debe identificarse con los suyos y ser parte integral del grupo: Debe reconocer cómo piensan, compartir sus esperanzas, llorar sus penas y gozar sus alegrías.

Jesús es nuestro líder modelo. El verdadero líder cristiano es aquel que está comprometido tanto con la misión que Dios le ha encomendado como con el pueblo de Dios en su expresión más amplia. Si unimos esta base teológica al objetivo pastoral de Hebreos, podemos derivar algunas recomendaciones prácticas para el desarrollo del liderazgo en la iglesia de hoy.

Bendición y despedida

El líder sabio sabe leer eficazmente la realidad de su comunidad, pues está plenamente identificado con su pueblo. Tiene capacidad de presentar ideas y recomendaciones positivas, claras y pertinentes; también es enfático a la hora de señalar y denunciar las opciones negativas que deshumanizan, hieren y destruyen.

El líder eficiente valora la potencialidad de los demás y los ayuda a desarrollar al máximo sus capacidades. Trata de encontrarle sentido al sufrimiento de su pueblo, ofreciendo consuelo y esperanza. Su vida constituye un ejemplo digno de imitar. Su liderazgo no es teórico sino práctico. Tiene un claro compromiso con la vida y con Dios. No se presenta como un ser sobrenatural al cual no le afectan los embates de la vida. Al contrario, su calor humano es la base de su autoridad. El liderazgo lo demuestra en el servicio: servir a Dios es equivalente a servir a los demás. No le teme al trabajo arduo y sabe correr riesgos cuando el trabajo es peligroso.

En resumen, podemos afirmar que el líder efectivo es aquel que sigue el modelo de Jesús:

> «Por tanto, nosotros también, teniendo en derredor nuestro tan grande nube de testigos, despojémonos del pecado que nos asedia y corramos con paciencia la carrera que tenemos por delante, puestos los ojos en Jesús, el autor y consumador de la fe... »
>
> Hebreos 12.1–2a

Bibliografía comentada

Attridge, Harold W. *Hebrews*. Hermeneia Series. Philadelphia: Fortress Press, 1989.

Excelente comentario académico que presupone buen manejo del texto griego de parte del lector o lectora.

Bruce, F.F. *The Epistle to the Hebrews*. The New International Commentary on the New Testament Series. Grand Rapids: Wm. B. Eerdmanns Publishing Co., 1964.

Un buen comentario para la predicación, que presta atención a los asuntos académicos. Sugiere que Hebreos se escribió para un grupo de personas relacionadas con el movimiento esenio de Qumrán.

Buchanan, George Wesley. *To the Hebrews*. The Anchor Bible Series. Garden City, NY: Doubleday & Company, Inc., Co., 1972.

Comentario académico que parte de la premisa que Hebreos es un sermón o un «midrash homilético».

Calvino, Juan. *Epístola a los Hebreos*. Grand Rapids: Subcomisión Literatura Cristiana de la Iglesia Cristiana Reformada, 1977.

Calvino fue un excelente comentarista bíblico que ofrece perspectivas teológicas interesantes y, a pesar del tiempo, pertinentes para la iglesia actual.

Costas, Orlando E. *Christ Outside the Gate: Mission Beyond Christendom*. Maryknoll N.Y.: Orbis Books, 1982.

Una introducción a la teología de la misión cristiana, escrita desde un punto de vista hispanoamericano. El autor emplea Hebreos 13.12-14 como la metáfora básica para orientar su pensamiento.

Craddock, Fred B. «The Letter to the Hebrews.» En *The New Interpreter's Bible*, Vol. XII, editado por Leander E. Keck, et. al. Nashville: Abingdon Press, 1998, pp. 1-173.

Este es un comentario para la predicación y la enseñanza, escrito por uno de los mejores maestros de predicación en la historia de los Estados Unidos.

D'Angelo, Mary Rose. «Hebrews.» En T*he Women's Bible Commentary*, editado por Carol A. Newsom y Sharon H. Ringe. Louisville: Westminster Press, 1992.

Breve comentario escrito desde una perspectiva feminista.

Ellingworth, Paul and Nida, Eugene A. *A Translator's Handbook on the Letter to the Hebrews*. London: United Bible Societies, 1983.

Este manual analiza la gramática del texto y ofrece sugerencias para la traducción. No entra en asuntos hermenéuticos.

Fuller, Reginald H. «The Letter to the Hebrews.» En *Hebrews-James-1 and 2 Peter-Jude-Revelation*. Philadelphia: Fortress Press, 1977.

Introducción detallada a los temas que presenta la epístola.

Gench, Frances Taylor. *Hebrews and James*. Westminster Bible Companion Series. Louisville: Westminster John Knox Press, 1996.

Un buen comentario para la predicación y la enseñanza.

González, Justo L. *Mañana: Christian Theology from a Hispanic Perspective*. Nashville: Abingdon Press, 1990.

Excelente introducción a la teología cristiana desde una perspectiva hispana.

Jewett, Robert. *Letter to Pilgrims: A Commentary on the Epistle to the Hebrews*. New York: The Pilgrim Press, 1981.

Este buen comentario no llega a ser excelente porque el autor propone la extraña idea de que la carta a los Hebreos se escribió originalmente en contra de predicadores gnósticos que estaban atacando a las iglesias en Colosas, las mismas a las cuales el Apóstol Pablo escribió la Epístola a los Colosenses.

Jiménez, Pablo A. «El modelo del líder.» *La Biblia en las Américas* 48:#204 (#1, 1993): 9–11.

La reflexión sobre Hebreos 13:20–25 se basa en este artículo.

Johnsson, William G. *Hebrews*. Knox Preaching Guides Series. Louisville: John Knox Press, 1980.

Un comentario bueno y corto, orientado a la predicación.

Käsemann, Ernst. *The Wandering People of God: An Investigation of the Letter to the Hebrews*. Minneapolis: Augsburg Publishing House, 1984.

Este excelente comentarista alemán analiza la carta, entendiendo que la imagen dominante del escrito es el peregrinaje.

Kuss, Otto. «Carta a los Hebreos». En *Carta a los Hebreos, Cartas Católicas*, editado por Otto Kuss y Johann Michl. Barcelona: Editorial Herder, 1977, pp. 13–307.

Este comentario académico supone que la Epístola se escribe en respuesta a los ataques de predicadores gnósticos.

Lindars, Barnabas. *The Theology of the Letter to the Hebrews.* Cambridge: Cambridge University Press, 1991.

Lindars ofrece un comentario teológico de la carta. El mismo es profundo, aunque corto y relativamente sencillo.

Mora, Gaspar. *La carta a los Hebreos como escrito pastoral.* Barcelona: Editorial herder, 1974.

Esta monografía examina la penosa situación de las personas que originalmente recibieron la carta y las estrategias teológicas y pastorales que el autor presenta para lidiar con estos problemas.

Pagán, Samuel. *El misterio revelado: Los rollos del Mar Muerto y la comunidad de Qumrán.* Nashville: Abingdon Press, 2001.

A lo largo de su escrito, Pagán destaca los puntos de contacto entre el pensamiento esenio y la Epístola a los Hebreos.

Schierse, Franz Joseph. *Carta a los Hebreos.* Barcelona: Herder, 1979.

Comentario devocional escrito desde una perspectiva católica.

Vanhoye, Albert. *A Structured Translation of the Epistle to the Hebrews.* Rome: Pontifical Biblical Institute, 1964.

Presenta un análisis detallado de la estructura literaria de la epístola.

_____. *El mensaje de la carta a los Hebreos.* Cuadernos Bíblicos 19. Estella (Navarra): Editorial Verbo Divino, 1985.

Esta corta introducción presenta las ideas de Vanhoye sobre la estructura literaria y sobre la cristología de la carta.

_____. *Our Priest is Christ: The Doctrine of the Epistle to the Hebrews.* Rome: Pontifical Biblical Institute, 1977.

Monografía sobre la cristología de la Epístola a los Hebreos.

Westcott, B. F. *The Epistle to the Hebrews: The Greek Text with Notes and Essays.* Grand Rapids: Wm. B. Eerdmanns Publishing Co., 1984.

Este es un comentario clásico que presupone buen manejo del texto griego de parte del lector o lectora.

CPSIA information can be obtained at www.ICGtesting.com
Printed in the USA
BVOW06s0246291115

428410BV00010B/60/P

9 780806 680736